Traversée du désert. — Dessin de Émile Bayard d'après sir S. Baker.

EXPLORATION DES AFFLUENTS ABYSSINIENS DU NIL,

PAR SIR SAMUEL W. BAKER.

RÉCITS DE CHASSE.

1861-1862. — TEXTE ET DESSINS INÉDITS.

But de l'expédition. — Traversée du désert. — Allure du chameau. — Début de la saison pluvieuse. — Migration des Arabes. — Arrivée à Sofi. — Un chasseur allemand. — Installation. — Achat et transport d'une case. — Gibier sur l'autre rive. — Traversée de l'Atbara sur une couchette. — Girafes. — Trahi par le vent. — Poursuite. — Attaque. — Succès. — Beauté de la girafe. — Tué un bubale. — L'une des girafes est mangée par d'autres que par nous.

On se rappelle qu'au printemps de 1861 sir Samuel Baker partait de la basse Égypte avec l'espoir de rencontrer Speke et Grant aux environs des sources du Nil, et la ferme résolution d'ajouter à leurs découvertes ou de périr dans la lutte. On se rappelle également que Mme Baker, « presque au début de l'existence, » toute charmante et non moins brave, accompagnait son mari, et que pendant les cinq années de cette expédition elle montra un courage et un dévouement que rien ne put ébranler.

On sait enfin de quel succès fut couronnée la noble entreprise; nous n'avons pas à y revenir[1]. Mais avant d'aborder directement la question des sources, Baker voulut étudier les affluents que le Nil reçoit d'Abyssinie. Il en résulta une série d'explorations qui durèrent près d'une année et démontrèrent au voyageur que, si le cours permanent du fleuve est entretenu par les réservoirs des pluies équatoriales, l'inondation est produite inclusivement par les rivières abyssiniennes; et que ces rivières, aux ondes furieuses, non-seulement font déborder le fleuve, mais y apportent l'humus des plateaux qu'elles ravagent; d'où la fécondité des rives où ce limon est déposé, et la formation du delta égyptien.

A cette étude importante, faite dans un pays giboyeux entre tous, se joignirent des chasses merveilleuses qui enrichirent l'escorte du voyageur, et qui permirent à celui-ci de faire régner l'abondance sur tous les points où il s'arrêta.

Donc, au lieu de continuer à se diriger vers Khar-

1. Voy. la relation du voyage à l'Albert N'Yanza, *Tour du Monde*, t. XV, p. 1.

toum, M. et Mme Baker remontèrent l'Atbara jusqu'à deux cent vingt milles de son embouchure; puis, le laissant à leur droite, ils prirent au sud, et se dirigèrent vers Cassala, qui est sur la frontière d'Abyssinie; ils y arrivèrent le 9 juillet. Depuis qu'ils avaient quitté le bateau du Nil, les deux voyageurs avaient fait, soit à âne, soit à dos de chameau, onze cent quarante-deux kilomètres, dont mille soixante-trois dans le désert; et cela en été : quarante-cinq degrés de chaleur à l'ombre des bagages, cinquante-huit au soleil.

Le désert, même à cette époque, n'est pas toujours horrible. « Les nuits sont fraîches et pures; le ciel est couvert d'étoiles; l'horizon se rapproche, les collines, à la clarté de la lune, prennent des formes étranges; et le calme qui vous entoure, dans cette solitude mystérieuse, revêt un caractère surnaturel qui est plein de charme. Pas un moustique, pas un de ces insectes qui sont la plaie des pays chauds. Dès que le soleil a disparu, vous jouissez d'un bien-être parfait. »

Mais le soleil revient; la plaine est sans limite; toujours du sable qui étincelle, des rochers qui s'embrasent. Aux rayons dévorants se joint l'haleine absorbante du simoun; « le bois est tordu, l'ivoire se fend, le papier se brise dès qu'on le froisse; la moelle des os se dessèche; les outres sont vides. La poussière emplit les oreilles, bouche les narines; elle passe en nuées épaisses, forme des colonnes de plus de mille pieds de haut, qui traversent la plaine en tournant, ou fuient dans tous les sens au gré de chaque tourbillon. »

Même sur les bords du fleuve, à part le fourré de mimosas et les bouquets de doums qui marquent la rive, c'est toujours la plaine ardente. Et pour franchir cette fournaise, on n'a qu'une monture exécrable. « De toutes les fatigues, dit Baker, la plus affreuse est celle que produit le mouvement du chameau : un balancement nauséeux qui vous brise. Si, perdant patience, vous faites prendre le trot à votre bête, le supplice de la roue n'était rien auprès de ce jeu de votre épine dorsale, qui, lancée comme par un marteau de forge, vous défonce le crâne. » Il y a bien l'hedgin, le dromadaire pur sang, dont l'amble délicieux fait un mille en six minutes, et se soutient sans faiblir pendant neuf ou dix heures; mais l'Arabe estime beaucoup trop sa monture pour la louer à un étranger.

Partis de Cassala le 15 juillet, M. et Mme Baker prirent à l'ouest pour retrouver l'Atbara. Ils avaient eu de la pluie le jour même de leur sortie du désert. Depuis cette époque, les averses, de plus en plus copieuses, étaient devenues quotidiennes. Partout de la verdure; mais une terre humide où les chameaux enfonçaient, et qui, s'attachant à leurs pieds spongieux, les arrêtait sans cesse. Les Arabes se pressaient de conduire les leurs sur un terrain plus ferme. Des chèvres, des moutons sans nombre; des chameaux portant des femmes et des enfants, ou chargés de curieux objets de ménage, encombraient la route. De beaux hommes, drapés d'étoffe blanche, armés de l'épée et du bouclier, dirigeaient leurs dromadaires au milieu de la foule. Tous se rendaient au nord, où l'herbe commençait à paraître, et où ils n'avaient à craindre ni la fièvre, ni la mouche du bétail. Nos voyageurs, au contraire, poursuivaient leur route vers le sud; et malgré les difficultés croissantes, ils arrivaient à Sofi quatorze jours après leur départ de Cassala.

Sofi n'est qu'un misérable village, d'une trentaine de cabanes, mais dans une situation merveilleuse. Un maçon allemand s'y était construit une maisonnette en pierre, la seule de l'endroit, et l'habitait depuis quelques années. C'était un homme très-pâle, fortement bâti, mais auquel un travail constant et des maladies nombreuses n'avaient laissé que la peau et les os. Il était venu d'Europe avec les missionnaires autrichiens, qui se sont établis à Khartoum; puis, d'humeur entreprenante, il avait quitté la mission, avait acheté une carabine, s'était fait chasseur, et consacrait ses loisirs à divers ouvrages qui lui rapportaient quelque argent. Cet excellent homme, qui se nommait Florian, avait parcouru dans tous les sens une partie de la région que Baker se proposait de visiter; il pouvait donner de précieux renseignements; c'était pour le consulter que notre voyageur était venu à Sofi.

Plus moyen de vivre dehors; il fallait s'installer. La chose était facile. « Pour dix piastres, qui font deux francs cinquante, j'achetai, dit Baker, un logis d'une propreté remarquable. C'était là un prix modeste et que n'aggravait aucune dépense légale. Dans ce pays pratique le transfert de l'immeuble s'opère en mettant la toiture sur les épaules d'une trentaine d'hommes, et en la faisant déposer à l'endroit qui plaît à l'acquéreur. La mienne fut donc saisie, et portée en triomphe, pendant que les baguettes, dont se composait la muraille, se dressaient à la place où nous étions campés. Trois heures après j'étais propriétaire d'un franc domicile, avec parc immense et points de vue magnifiques. J'avais des bois superbes, l'Atbara à mes pieds et le bourg de Sofi à ma porte; droit de chasse dans toutes les provinces de l'Abyssinie et du Soudan; droit de pêche dans tout l'Atbara et les cours d'eau voisins; tout cela sans taxe des pauvres, sans dîmes, sans charge d'aucune espèce.

J'achetai deux nouvelles cases; et notre demeure eût fait envie à Robinson. Partout de ces détails charmants, de ces menus conforts d'un prix indicible, qui ne pouvaient être créés que par la main d'une femme. Nous étions bien heureux! Un oubli si complet des soucis de ce monde! La vue plongeait dans la vallée à une distance d'environ cinq milles. Tous les jours, prenant mon télescope, j'épiais les animaux sauvages qui paissaient tranquillement sur l'autre rive, où le pays était désert. Beaucoup de gibier là-bas; pas du tout de notre côté, et nul moyen de traverser l'Atbara! Une pluie diluvienne; le tonnerre presque sans trêve. Plus d'endroits praticables à l'exception des parties rocheuses. La terre du plateau se levait comme une pâte qui fermente, et l'on enfonçait jusqu'aux ge-

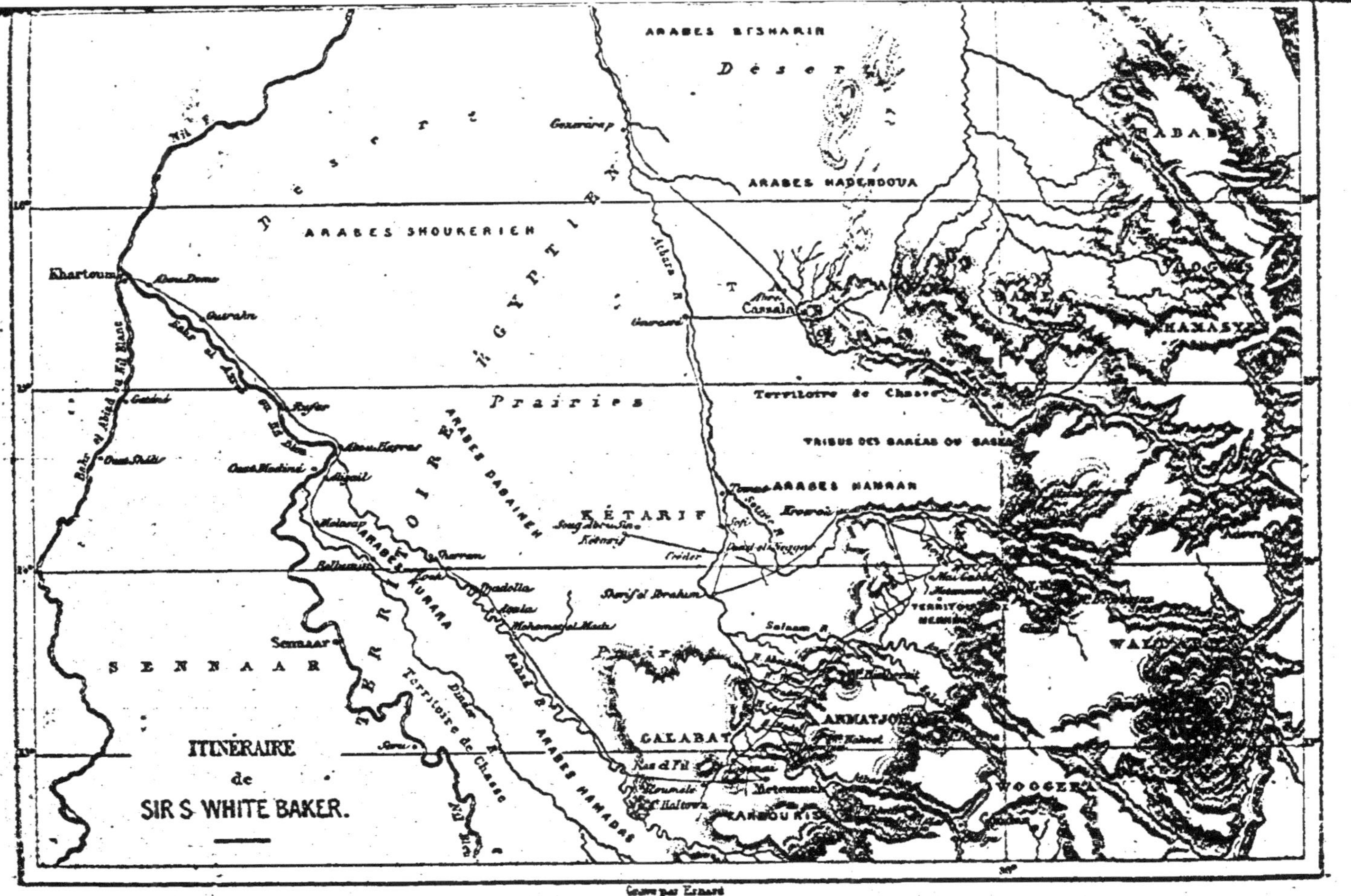
ITINÉRAIRE
de
SIR S. WHITE BAKER.
ARABES BISHARIN
Désert
ARABES HADENDOUA
ARABES SHOUKERIEH
Khartoum
Cassala
Prairies
Territoire de Chasse
TRIBUS DES BAREAS OU BASEAS
ARABES HAMRAN
ARABES DABAINEH
KÉTARIF
Sherif el Brahum
Salaam R.
Sennaar
SENNAAR
TERRITOIRE
ARABES KURARA
Territoire de Chasse
ARABES HAMADAS
Rahad R.
Dinder R.
GALABAT
Metemmeh
ANMATJORO
WOOGERA
HAMASYN
Atbara R.
Nil Bleu
Gravé par Erhard

noux dans cette fange, où l'herbe croissait tellement vite qu'elle eut bientôt de neuf à dix pieds de haut. L'Atbara était dans toute sa gloire. Nous l'avions vu complétement à sec ; en ce moment son courant était de deux cents mètres de large et de plus de quarante pieds de profondeur. Il fallait pourtant le franchir. Soixante-seize girafes ! Nous abattîmes un arbre pour en faire un canot ; et je trouve dans mon journal :

16 *Août.* — Notre pirogue ne peut porter qu'un homme ; encore y est-il comme dans une baignoire. Neuf jours de travail pour en arriver là ! Florian est désolé ; mais *nil desperandum.* [illegible]is construire un radeau.

18 *Août.* — Le radeau est fini ; quatre hommes y sont en sécurité ; mais il n'est pas gouvernable ; le courant l'emporte. Ce matin un éléphant flottait sur la rivière ; c'était le second que je voyais depuis quelques jours : un torrent qu'ils auront voulu franchir ; pour eux aussi le courant était trop fort.

2 *Septembre.* — Jusqu'à présent les girafes se tenaient sur le plateau, à deux milles environ. Aujourd'hui elles m'ont tantalisé en se mettant sur la côte. Il faut absolument passer. Ma couchette, soutenue par des outres, fera un excellent bateau. Il y a dans le bourg des chasseurs d'hippopotame qui nagent comme des phoques : les uns remorqueront la nacelle ; d'autres la dirigeront.

Nous voilà partis ; dérivant sur le pied de cinq milles à l'heure, faisant un tour de valse à chaque tourbillon ; et avançant néanmoins, bravement traînés par les nageurs, qui enfin gagnent le bord. Nous nous mettons à quatre pattes, et, nous hissant au milieu du hallier, nous gravissons la berge. La vallée ne présente que déchirures et rocailles, ruisseaux et ravins de soixante pieds de profondeur ; grès à nu, rochers et buissons, tertres herbeux, fourrés de mimosas ; bref, le meilleur des terrains de chasse.

En les observant avec ma lunette, j'avais remarqué que les girafes se plaçaient d'habitude sur un point élevé d'où elles voyaient à une grande distance. Il ne fallait donc pas gravir la côte directement. Ces animaux, grâce à leurs cous démesurés, jouissant de l'avantage qu'aurait un homme posté en haut d'un mât, nous auraient immédiatement découverts. C'est pourquoi je résolus de faire un circuit d'environ cinq milles, afin de rejoindre la bande par en haut, ce qui devait être possible avec des précautions. La marche commença ; tantôt gravissant des éboulis rocheux, tantôt dans l'eau vaseuse jusqu'aux épaules ; glissant au fond d'un ravin, serpentant dans l'herbe, ou à travers les buissons, pendant deux heures ; troublant dans notre marche de superbes tetels et de magnifiques nelleuts (*bubales* et *strepsicères*), nous gagnâmes l'endroit où devaient être les girafes. Presque immédiatement j'aperçus la tête de l'un de ces animaux à huit cents pas environ sur la gauche ; cette tête m'en fit découvrir d'autres qui entouraient le chef de la bande. Je pris à droite avec l'intention d'arriver sous le vent de la troupe.

Un buisson pouvait me servir d'abri ; tout allait pour le mieux, lorsque je vois que la bande a changé de place, qu'elle a le vent pour elle, que je suis à deux cents pas du grand mâle et qu'il est juste en face de nous. Deux autres s'approchent de lui. Tout à coup la brise m'effleure ; elle est d'une fraîcheur délicieuse, mais elle va nous trahir ! En effet, à peine ai-je senti ses caresses, que les trois girafes dressent la tête, et, attachant leurs grands yeux noirs sur la place où nous sommes, elles demeurent immobiles.

L'air attentif et la surprise des sentinelles avertissent la bande. Les girafes qui la composent se [illegible]ent à la file, rejoignent leurs camarades, puis regardent fixement de notre côté, formant un admirable tableau. Leur robe superbe, qui miroite comme celle d'un cheval de race, se détache en un relief vigoureux sur le vert sombre des mimosas.

Mais cela ne pouvait pas durer, elles allaient prendre la fuite. N'ayant plus l'espoir de les tirer de près, je résolus de partir avant elles. Il était probable que la bande passerait à angle droit de la place que j'occupais ; puis, arrivée au sommet de la côte, elle gagnerait certainement la plaine, dont la surface unie empêcherait toute surprise.

Ayant appelé mes compagnons d'un signe, je pars à toute vitesse. Les girafes s'élancent ; elles fuient d'une allure pesante, mais d'une rapidité incroyable, et, prenant la direction que j'ai supposée, elles m'offrent l'épaule à deux cents pas. Malheureusement je tombe dans un trou profond caché dans l'herbe, et tandis que je me relève, la bande a gagné du terrain. Mais le chef tourne brusquement à droite pour arriver au plateau. Je prends la diagonale en courant de toutes mes forces. Lancée à fond de train, la bande passe devant moi à une distance d'environ cent soixante mètres. J'ai mon vieux Ceylan, carabine double, qui porte des balles d'une once et demie, et je vise un grand mâle dont la robe est foncée. Le bruit de la balle sur le cuir est suivi de quelques faux pas, qui se terminent au bout de vingt mètres par une lourde chute au milieu des buissons.

Ma seconde balle résonne également sur une autre bête, mais ne produit aucun effet. Bachit me passe rapidement une carabine simple — balle de deux onces. — Un mâle superbe est ajusté ; il tombe sur les genoux, se relève et prend la fuite en boitant : il a la jambe brisée au défaut de l'épaule ; mes Arabes le rejoignent et l'achèvent.

Après avoir suivi la troupe sur un terrain glissant et couvert de hautes herbes, ayant fait un mille sans résultat, je revins à mon gibier. C'étaient mes premières girafes ; je les admirai avec tout l'orgueil, toute la satisfaction du chasseur ; mais il se mêlait à ma joie un sentiment de pitié pour ces créatures si belles et si complétement inoffensives. Qui n'a vu la girafe que sous un climat froid ne se fait pas une idée de sa beauté. Sa robe soyeuse a des reflets changeants, suivant

Chasse à la girafe. — Dessin de Emile Bayard d'après sir S. Baker.

la façon dont elle s'éclaire, et ses yeux sont l'exagération, ou plutôt le développement de ceux de la gazelle.

En revenant, comme nous traversions une herbe épaisse, qui pouvait avoir quatre pieds de haut, trois bubales sont partis d'une ravine, et ont passé devant nous à une soixantaine de mètres. Touché à l'épaule, celui que je visais est tombé mort au bout de quelques pas. C'est également mon premier bubale. Sa robe, d'un rouge bai, est brillante comme du satin. Il est en excellente condition et doit peser près de cinq cents livres. Une chasse magnifique : sur quatre coups, trois grosses bêtes.

La nuit était close lorsque nous atteignîmes la rivière; des chutes nombreuses nous avaient retardés, et ce fut avec plaisir que je me retrouvai chez moi, après avoir repassé l'eau comme le matin, mais dans l'obscurité la plus épaisse.

Le jour suivant nous traversâmes de nouveau l'Atbara pour aller chercher nos bêtes; il n'y avait plus qu'une girafe. Pendant la nuit les lions et les hyènes avaient dévoré l'autre, sans en laisser vestige. La foule sauvage avait piétiné dans la boue, laissant des empreintes qui témoignaient du vol. C'était une perte réelle. Les indigènes font grand cas de la viande de girafe; ils ont raison, jamais je n'en ai mangé de meilleure. Tout le reste s'utilise. Singulièrement dure, la peau a l'avantage d'être non moins légère que forte, ce qui la rend précieuse pour la confection des boucliers. Enfin les tendons, d'une grande longueur, sont très-estimés des Arabes, qui en emploient les filaments pour coudre le cuir, et fabriquer des cordes pour leur rhababa, espèce de guitare.

Aggagir ou chasseurs de la tribu des Hamran. — Épée et bouclier. — Chasse à l'épée. — Dernière averse — Départ de Sofi. — Campés à Cuat el Négar. — Acquisition de trois chevaux. — Chasse à l'hippopotame. — Dépècement de la bête. — Assaut et carnage.

Il y avait un mois que nous étions à Sofi, lorsque j'eus la visite d'une bande de chasseurs que j'avais le plus grand désir de connaître. D'après ce que l'on m'avait raconté, certains Arabes de la tribu des Hamran, dont le territoire est au midi de Cassala, tuaient à l'arme blanche les animaux les plus redoutables. Je ne me figurais pas comment avec un sabre on pouvait tuer un éléphant, à moins que celui-ci ne fût entouré d'un grand nombre de traqueurs et criblé de coups finissant par amener la mort. On m'assurait néanmoins que, sur un bon terrain de course, l'éléphant le plus sauvage n'avait aucune chance d'échapper aux aggagir, ainsi qu'on appelle ces sabreurs héroïques. J'étais décidé à prendre à mon service quelques-uns de ces hommes extraordinaires et à les garder tant que durerait mon exploration des rivières abyssiniennes. Ce projet était connu, d'où la visite des aggagir.

Si ce n'est par leur chevelure, qu'ils portent beaucoup plus longue, et qui, séparée sur le milieu de la tête, est divisée en longues boucles pendantes, les Hamran ne diffèrent en rien des Arabes de cette région. Comme tous les autres, ils sont armés de l'épée et du bouclier. Celui-ci n'est pas toujours le même; il y en a de deux sortes : l'ovale étroit et la rondache. C'est du bouclier rond que les Hamran font usage. Quant aux épées, elles ont partout la même forme : une lame très-longue, à deux tranchants, ayant plus de quatre centimètres de large, et, comme poignée, tout simplement une croix, dont la traverse constitue la seule garde. L'épée des aggagir ne se distingue des autres que parce qu'elle est entourée, à partir du croisillon, sur une longueur de neuf pouces, d'une corde très-serrée qui permet de la saisir avec la main droite, tandis que la poignée est tenue par la main gauche; elle devient ainsi une épée à deux mains.

Les Hamran qui ne sont pas assez riches pour avoir des chevaux ne se mettent que deux pour chasser l'éléphant. Ils s'arrangent de manière à surprendre la bête de dix heures à midi : c'est le moment où elle repose; si elle ne dort pas, elle est au moins peu vigilante et d'une approche facile. L'éléphant est-il endormi, l'un des chasseurs se dirige en rampant vers la tête de l'animal, et d'un seul coup en détache la trompe qui est allongée par terre. La victime se lève aussitôt; mais, affolé par cet affreux réveil, l'éléphant ne sait pas poursuivre les chasseurs. Le sang coule à flots de sa blessure; une heure après il est mort. Si l'animal est éveillé, c'est par derrière qu'on l'attaque. Les deux jarrets sont alors tranchés l'un après l'autre, et, de même que dans le cas précédent, l'hémorrhagie ne tarde pas à tuer le colosse.

Néanmoins, disons-nous, cette méthode est celle des pauvres. Sitôt que la vente de l'ivoire leur permet de se monter, les chasseurs exercent leur art d'une manière à la fois plus lucrative et plus brillante. Trois cavaliers partent avant le jour et vont lentement à la recherche de la bête. Une fois sur la piste, ils la suivent d'une allure rapide. Vingt milles peut-être les séparent des éléphants; peu importe! La troupe est enfin découverte; le vieux mâle qui donnera le plus d'ivoire est choisi, la chasse est engagée. Après une courte poursuite, la bête se retourne, les cavaliers s'éparpillent et fuient devant elle. Dès que l'éléphant les abandonne, ils reprennent la chasse; et l'animal, qui s'est sauvé, fait tête une seconde fois. L'un des aggagir, qui a cette mission particulière, s'approche alors de l'éléphant dont il absorbe l'attention. La bête exaspérée reprend l'offensive et charge à toute vitesse. C'est le moment pour les chasseurs d'appeler à eux tout le sang-froid, toute l'habileté qu'ils possèdent; mais plus tard nous les verrons à l'œuvre.

Tandis que j'écoutais ces prodigieuses aventures qui m'étaient modestement racontées comme des choses toutes naturelles, je me sentais excessivement petit. J'avais, dès ma première jeunesse, passé ma vie à chasser les bêtes sauvages, et m'étais figuré jusque-là que j'en savais, à cet égard, autant que pas un autre; mais il y avait des hommes, qui, sans le secours de mes parfaites carabines, chargées de balles mortelles, allaient droit au monstre et l'attaquaient dans son antre, à la pointe d'une épée. J'éprouvais le besoin de me découvrir et de saluer profondément ceux qui étaient devant moi. Mon cœur allait à eux; nous fraternisâmes sur-le-champ, et ce fut avec bonheur que je songeai à l'époque où nous serions associés.

Il fallait pour cela se remettre en route.

Le 15 septembre une ondée capricieuse arriva tout à coup, ce fut la dernière de la saison. A partir de cette époque le soleil brilla sans relâche. Au bout d'une semaine l'herbe commençait à jaunir. A la fin d'octobre il n'y avait plus pour reposer l'œil de l'éclat doré du paysage que les roseaux des bancs de vase, mis à nu par le retrait de la rivière. Nous avions quitté Sofi le jour de la dernière averse, et, après avoir campé en différents endroits, nous étions installés sur la rive droite de l'Atbara, à deux cents mètres en aval d'Ouat el Négar, et à sept heures du Settite. Je possédais alors trois chevaux que j'avais achetés à des chasseurs d'éléphant, tous les trois de race abyssinienne : bêtes excellentes, bien que leur taille n'arrivât pas à un mètre et demi. Je les avais nommés Gazelle, Tetel et Aggar, qui est le singulier d'aggagir. Les deux derniers connaissaient parfaitement la chasse; Gazelle était novice, mais d'une beauté remarquable.

A peine étions-nous arrivés, que l'on m'invita à chasser un vieil hippopotame, qui avait eu l'impudence de menacer plusieurs personnes. Ce vieux drôle habitait la rivière à deux milles du village. Nous nous sommes rendus au point indiqué; l'animal était chez lui. En cet endroit l'Atbara, qui peut y avoir une largeur de deux cent cinquante mètres, fait un brusque détour, et il en est résulté un de ces bassins, toujours profonds, que nous avons décrits ailleurs. Au milieu de celui dont je parle, se trouvait un banc de vase arrivant jusqu'à fleur d'eau; c'était là que reposait notre adversaire.

A peine l'insolent nous eut-il aperçus que, de la façon la plus inconvenante, il se leva, secoua la tête et nous adressa des grognements significatifs, espérant nous intimider. J'avais remis à Bachit un pistolet et lui avais donné l'ordre d'aller se placer sur l'autre rive. Le voyant à son poste, je lui fis signe de tirer plusieurs coups sur la bête, afin de me l'envoyer; j'étais alors embusqué dans la rivière, à l'abri d'un banc de roche. Mais au premier coup de feu l'hippopotame, en vieux solitaire accoutumé à ne suivre que son caprice, se retourna vers Bachit et le chargea avec un mugissement effroyable, qui envoya notre homme jusqu'en haut de la falaise. Une fois à trente pieds au-dessus de l'eau, mon brave tira fièrement un second coup de pistolet; l'hippopotame n'en fut nullement troublé.

Comme ce dernier avait repris confiance, je me montrai au-dessus de la roche, et l'appelai à diverses reprises par son nom arabe : Hasinth! Hasinth! suivant la coutume du pays. L'hippopotame, se figurant qu'il allait se débarrasser de moi, comme il avait fait de l'autre, poussa un grondement sonore, plongea tout à coup, et reparut à cent pas de mon rocher, mais refusa absolument d'approcher davantage. Voyant cela, j'ordonnai à Bachit de crier de toutes ses forces pour attirer l'attention de l'animal, et, au moment où celui-ci tournait la tête, je le visai derrière l'oreille.

Ce fut un de ces coups heureux qui vous dédommagent et vous consolent de tous les coups manqués. Le vieux solitaire se renversa immédiatement, fouetta l'eau paisible du bassin, faisant surgir de grosses vagues autour de lui, et disparut après d'horribles convulsions.

Mes hommes étaient déjà près du village; en un instant la foule arriva avec des chameaux, des cordes, des couteaux, des haches, tout l'attirail nécessaire pour dépecer et pour transporter l'hippopotame, qui n'avait pas encore reparu.

Au bout d'une heure et demie, à compter du moment où il avait reçu la balle, nous l'aperçûmes qui flottait à deux cents mètres plus bas. D'énormes têtes de crocodiles surgirent à quelques pieds du cadavre et s'éclipsèrent tout à coup. Cette vision peu rassurante engagea les Arabes à différer l'assaut. On attendit que la proie eût dérivé jusqu'à un banc de cailloux situé à deux milles du bassin où nous l'avions découverte. Dès qu'elle y fut arrivée, la foule se précipita, des cordes nombreuses furent attachées au colosse, et les hommes le traînèrent sur la grève.

Une capture superbe : la peau, non compris la tête, mesurait douze pieds trois pouces. Je fis réserver les deux cuissots pour le cheik, ainsi qu'une forte quantité de graisse, qui est très-estimée dans le pays, non sans motif, car il n'en est pas de plus délicate. Un morceau de viande avait été choisi pour nous; et, ces deux parts mises de côté, la foule se jeta avidement sur la proie. Une bande d'hyènes affamées n'aurait pas été plus sauvage. Cent couteaux furent immédiatement à l'œuvre. La pièce à peine livrée, ils se l'arrachèrent et se battirent sur elle comme des loups. On ne vit plus qu'un amas sanglant. Les uns, plongés dans les entrailles fumantes, se disputaient la graisse; les autres se ruaient sur la viande, et se tailladaient réciproquement les mains pour faire lâcher prise à qui tenait un bon morceau. Je m'éloignai de cet odieux spectacle, que j'avais déjà vu ailleurs et qui se renouvelle toujours en pareille circonstance.

Personnel de la bande. — Abou Do et Djali. — Ile charmante. — Buffle tué à côté du camp. — Rugissements des lions. — A la recherche des éléphants. — Apparition d'un vieux solitaire. — Approche difficile. — Manœuvre audacieuse des aggagir. — Coup d'épée. — Éléphants en vue. — Attaque dans le fourré. — Sept éléphants morts; un d'eux tué par l'épée.

La bande est au complet. Outre nos gens de service : l'interprète, un palefrenier, deux Arabes et la femme qui moud le sorgho et fait le pain, j'ai neuf chameliers, six Takrouris, un traqueur, nommé Taher Nour et trois aggagir : Abou Do, Djali et Soliman. Abou Do est magnifique : plus de six pieds[1], la taille svelte, les

1. Mesure anglaise; plus d'un mètre quatre-vingt-trois centimètres.

mouvements prompts et faciles, le visage d'une beauté remarquable, des yeux de girafe où brille soudain l'éclair qui traverse le regard de l'aigle. Djali a la tête de moins que l'autre, mais des muscles étonnants et la physionomie d'un homme à braver le diable.

Jamais le centaure n'a été réalisé comme par ces aggagir; le cavalier et la bête ne font bien qu'un seul et même individu, qui se replie dans tous les sens avec la souplesse du reptile. Il leur a suffi d'être à cheval pour que leur nature ait subitement changé. Ces hommes, si fiers et si calmes, ont été pris tout à coup d'une fougue délirante. Ils ont brandi leurs épées nues, et les voilà se précipitant sur les rocs, perçant les halliers, franchissant les ravins, escaladant les pentes, plongeant dans les abîmes, et se livrant à l'attaque d'un éléphant imaginaire. Je n'ai qu'une inquiétude, c'est que leurs chevaux ne résistent pas à de pareilles allures.

Nous remontons le cours de Settite. La région est fort belle, mais déserte au point que même le sable du bord de l'eau, qui garde, comme la neige, les empreintes les plus légères, ne porte pas vestige de trace humaine.

Près de la berge orientale, à deux jours de marche de Gira, se trouve une île qui est une véritable oasis. De gros nabaks (*rhamnus lotus*) y répandent une ombre épaisse et forment des bosquets entremêlés de clairières, où l'herbe est à la fois abondante et fine : c'est là que nous nous arrêtons.

Au moment où nous gagnons la rive, un buffle s'a-

Attaque de l'éléphant à l'épée (voy. p. 138). — Dessin de Émile Bayard d'après sir S. Baker.

breuve à moins de deux cents mètres. Il est près de l'office, double motif pour ne pas le laisser partir. J'avance avec précaution et le tire par derrière; il tombe sur les genoux, se relève immédiatement, reçoit ma seconde balle, tandis qu'il escalade le bord de l'îlot et disparaît dans les nabaks. Le voilà chez nous; il sera mort avant peu; la nuit approche, on le retrouvera demain matin.

Pendant que les feux de nos hommes se couvrent de morceaux de bubale, le nôtre se garnit d'os à moelle. On met sur la table une nappe blanche, et tout ce qu'il faut pour dîner. Baraké, la boulangère, fait cuire ses galettes; et des tranches de foie d'antilope, avec sel et piment, sont posées sur le gril. Nous allons nous mettre à table, quand un rugissement terrible annonce qu'ailleurs on songe également à souper. Ce rugissement, qui a retenti à une distance d'environ cent cinquante mètres, est suivi de plusieurs autres, et les aggagir me disent tranquillement : « Les chevaux n'ont rien à craindre pour cette nuit; votre buffle a été trouvé par les lions.

Je n'ai jamais entendu de chœur aussi grandiose que celui de ces magnifiques voix de basse, unies aux craquements du fourré. Mais cette harmonie, qui plaît à nos oreilles, n'est pas du goût de l'interprète ni de la pauvre Baraké. Pour les rassurer on raconte d'effroyables histoires; c'est à qui se rappellera les plus horripilantes. Les aggagir, à leur tour, se mettent à parler des Basés, et les faits qu'ils relatent éclipsent tellement tout ce qui a été dit des bêtes féroces, qu'un lion serait maintenant le bienvenu, pourvu qu'il consentît à défendre les auditeurs contre ces hommes terribles.

Déplacement d'un hippopotame (voy. p. 136). — Dessin de Émile Bayard d'après sir S. Baker.

Dès le matin j'étais à la recherche de nos voleurs de buffle. Comme je rentrais sans avoir rien trouvé, les aggagir venaient d'achever leur battue. Ils avaient découvert les traces d'une bande d'éléphants, et me priaient de les accompagner en toute hâte; pas besoin d'insister.

Nous sommes bientôt sur l'autre bord. Reconnaître la piste est d'une difficulté excessive. La terre est si dure qu'il est presque impossible de distinguer les empreintes les plus récentes de celles qui ont deux jours de date. On ne peut s'en rapporter qu'aux laissées, et la distance qui les sépare rend ce travail aussi ennuyeux que fatigant.

La journée s'avance. Nous avons passé et repassé la rivière à plusieurs reprises, lorsque nous arrivons à une courbe dont le fond sableux est inondé à l'époque des grandes eaux, et qui, d'une étendue de plusieurs acres, est bordée par une futaie. Les aggagir, qui semblent connaître chaque pouce de terre du pays, déclarent que si les éléphants n'ont pas quitté le canton, ils doivent être là, parmi les arbres. Tandis que nous cherchons la direction du vent, un coup de trompette se fait entendre, et un superbe éléphant, sortant de la forêt, s'avance avec majesté vers la rivière.

Nous sommes cachés par un banc de sable derrière lequel nous descendons de cheval. La nappe qui sépare la forêt du bord de l'eau est d'une largeur d'environ trois cents pas. C'est, comme nous l'avons dit, une anse du Settite, qui, à partir de là, se détourne à angle droit et rase le pied d'une falaise, composée de galets reliés par un ciment calcaire. Le plan d'attaque est bientôt fait : je vais essayer de rejoindre la bête en rampant à l'abri du banc de sable; si je ne réussis pas, les aggagir couperont la retraite à l'éléphant, et nous aurons la chance d'un combat à l'épée.

J'ouvre la marche, suivi de l'un de mes Takrouris qui porte ma seconde carabine; Florian nous accompagne. Nous franchissons rapidement la moitié de la distance; nous sommes encore à cent cinquante pas de la bête, qui vient de gagner la rivière et qui s'est mise à boire.

Le banc de sable diminue de hauteur, il n'a pas plus de deux pieds; l'abri est mince, nous redoublons de précaution. Pas un arbre, pas une pierre; le sable est nu, et si mouvant qu'on y enfonce jusqu'à la cheville. Nous avançons néanmoins. L'éléphant cesse de boire pour lancer un jet d'eau qui retombe sur lui en ondée; puis il s'abreuve et s'arrose alternativement sans se douter de notre présence. Nous avançons toujours. Quinze pas tout au plus nous séparent lorsqu'il tourne la tête et nous aperçoit. Il relève ses énormes oreilles, sonne de la trompe et balance entre l'attaque et la fuite. Je cours à lui en criant; il se tourne vers le bois, je le tire à l'épaule. J'ai ma grosse carabine, celle que les Arabes ont nommée l'*Enfant du canon* et que par abréviation j'appelle le Bébé. Sa charge est de vingt-deux grammes de poudre, sa balle d'une demi-livre. Comme toujours, son effroyable recul m'a presque renversé; mais je vois la marque sur l'épaule de l'éléphant et dans une ligne excellente, bien qu'elle soit un peu haut. Toutefois, le seul résultat du coup est de faire sauver la bête, qui va gagner la forêt, lorsque les aggagir lui coupent la retraite, ainsi qu'il est convenu. L'animal furieux court droit à l'ennemi. Alors commence la partie héroïque et insensée de la chasse. Au lieu d'occuper l'éléphant par la fuite d'un cavalier, suivant la méthode usuelle, mes trois aggagir sautent de cheval en même temps, et, à pied sur le sable où ils enfoncent, attaquent l'énorme bête.

En fait de sport, je n'ai rien vu d'aussi beau et d'aussi follement périlleux. Malgré la rage qui le possède, l'éléphant n'en reconnaît pas moins que le but des chasseurs est de passer derrière lui, ce qu'il évite avec une incroyable adresse. Il tourne rapidement sur lui-même, charge les trois assaillants l'un après l'autre, toujours en face de celui qui est à craindre, et répand dans l'air des nuées de sable qu'il lance avec sa trompe en jetant des cris de fureur.

Les aggagir ne parviennent pas à triompher de cette manœuvre; le sable mouvant, qui n'est rien pour le colosse, leur est tellement contraire, qu'ils n'évitent l'ennemi qu'avec une extrême difficulté. Ce n'est qu'à force de bravoure et de sang-froid qu'ils sauvent alternativement celui d'entre eux que la bête va saisir. Pendant ce temps-là je traverse péniblement l'arène. Au moment où j'arrive, l'éléphant, qui passe entre les aggagir, reçoit à la fois une balle, que je lui envoie à l'épaule, et un coup d'épée que lui donne Abou Do. Celui-ci, malheureusement, n'a pu frapper à l'endroit voulu, en raison de la vitesse de la bête.

L'éléphant se détourne, franchit le sable et gagne la forêt. Nous sommes bientôt sur ses traces; il fait en courant quatre ou cinq cents pas, et tombe mort dans le lit d'un torrent desséché.

Revenus près de la rivière, nous voyons à un quart de mille une douzaine d'éléphants, qui, dans l'eau jusqu'à l'épaule, se dirigent vers les nabaks. Un détour nous amène au bord du fourré. Nous entendons craquer la jongle à notre droite; les craquements sont de plus en plus forts : il est évident que la bande approche. Djali, qui s'est glissé tout doucement parmi les broussailles, rapporte qu'il y a trois éléphants entre nous et le gros de la troupe, mais qu'il est impossible de se servir de l'épée. Je demande à être conduit où est cette avant-garde; et, suivi de Florian, des aggagir et de mes porteurs de carabine, je me mets sur les talons du brave petit chasseur, qui entre en rampant dans le hallier. Celui-ci serait absolument impénétrable sans les trouées qu'y ont faites les bêtes pesantes. C'est dans l'un de ces couloirs que nous avançons. Tout à coup Djali s'arrête, et j'aperçois, comme à travers un nuage, deux éléphants placés à sept ou huit pas derrière le lacis d'épines. L'un d'eux m'offre la tempe, où je lui envoie une balle qui le tue raide. Je ne vois pas suffisamment pour tirer la seconde bête, mais Florian, par un coup très-curieux, la démonte, et il nous est facile de la rejoindre.

Je prends une carabine à deux coups; à peine l'ai-je dans la main que le troisième éléphant se présente. Décidé à expérimenter le coup du front, je reste à ma place, et j'envoie ma balle — plomb et mercure — exactement au centre, presque à bout portant, moins de quatre pas. La bête recule, puis se remet à charger. Je tire ma seconde balle un peu plus bas. Arrêtée dans sa course, l'éléphante, car c'est une femelle, retourne vers le fourré en sonnant avec rage. Saisissant la carabine qu'on me présente, je cours droit à la bête et vise de nouveau au milieu du front : le seul effet produit est une charge plus active que les autres; décidément, c'est jouer à la tape. Je vais tirer de nouveau, mais Djali arrive, et, d'un coup d'épée, tranche le tendon du pied de derrière. Bravo, Djali!

Mes trois balles, de dix à la livre, poussées chacune par plus de dix grammes de poudre, ont été placées aussi juste que possible; j'ai bien tiré : à elles trois elles n'occupent dans le front qu'un espace de trois pouces, et pas une n'a causé la mort. On avait raison de dire qu'il ne fallait pas compter, pour l'éléphant d'Afrique, sur le coup du front qui est fatal à celui des Indes. Cela décuple le danger; à Ceylan j'étais sûr de la bête : je n'avais qu'à l'attendre et à tirer quand elle était près de moi.

Djali a donc fait un coup superbe. Je recharge mes carabines tandis qu'Abou Do et les autres vont se remettre à cheval, pensant que la troupe a débûché. Leur intention, dans ce cas-là, est de ramener les éléphants dans la jongle et de nous les envoyer s'il est possible. Je n'ai pas voulu détruire le prestige des armes à feu, en insinuant qu'il serait assez désagréable pour nous de recevoir le choc de cette bande furieuse, dont les colosses ont des fronts invulnérables; mais je fais des vœux pour que la troupe nous arrive moins directement que ne le souhaitent ceux qui nous l'envoient.

Il y a un quart d'heure que nous sommes dans cette position, lorsque tout à coup retentissent les cris des trois Arabes à une certaine distance. Quelques minutes après, un effroyable craquement, accompagné des clameurs des aggagir et du cri aigre de l'éléphant sauvage, nous annonce que la bande fond sur nous en ligne droite. Réunissant mes hommes en un groupe serré, je leur recommande de me passer mes armes à propos, et nous attendons l'ennemi qui arrive sur nous avec la rapidité de la foudre. Tout se déchire devant lui; la jongle tremble et s'écrase; c'est l'affaire d'une seconde.

La phalange est conduite par un chef énorme qui vient droit à moi; je lui décharge dans le front mes deux coups aussi vite qu'il m'est possible. Le choc le fait reculer; il se détourne, les autres le suivent. Une nouvelle carabine m'est servie avec une admirable précision, et je fais coup double sur deux éléphants qui, frappés à la tempe, ne se relèvent pas. Le Bébé m'est alors poussé dans la main juste à temps pour viser le dernier de la bande qui va disparaître dans le fourré : bang! je tourne comme une girouette, le sang me jaillit des narines, mais je suis sûr d'avoir la bête, qui, avec sa balle d'une demi-livre entrée derrière l'épaule, ne saurait courir longtemps.

Arrivent les aggagir tout lacérés par les épines. Il y a du sang à l'épée d'Abou Do : les éléphants s'éloignaient lorsque, tournés par les Arabes, ils ont fait volte-face. Dans la poursuite, Abou Do a réussi à rejoindre l'un d'eux et lui a coupé le jarret.

Total : sept éléphants morts et trois blessés; deux par Florian, le troisième par moi, qui l'ai touché à l'épaule. Il est trop tard pour les poursuivre, le jour s'en va; mais les aggagir viendront demain les chercher.

Recherche des blessés. — Chute de Djali. — Les quatre frères Chériff. — Rodar au bras desséché. — Pistes nombreuses, mais pas d'éléphants. — Flânerie. — Un couple de rhinocéros. — Attaque et poursuite. — Course prodigieuse. — Rivalité. — Désespoir d'Abou Do. — Effort suprême. — La victoire nous échappe. — Rhinocéros; ses habitudes; piége qu'on lui tend.

L'un des trois éléphants blessés était revenu dans les nabaks, où mes aggagir s'étaient trouvés face à face avec lui. Pas d'issue latérale dans ces broussailles; en pirouettant, la jument de Djali, repoussée par la muraille épineuse, était tombée et avait jeté son maître sous les pas de l'éléphant. Celui-ci, attiré par le cheval, qui, relevé aussitôt, avait pris la fuite, n'avait accordé nulle attention au chasseur; mais en courant il lui avait mis le pied sur la cuisse et la lui avait brisée net.

Peu de temps après, les frères Chériff, ayant appris les résultats de notre chasse, venaient me demander de faire partie de notre expédition. Ils étaient quatre, les plus célèbres de tous les aggagir. Abou Do lui-même, qui n'en serait pas convenu, se sentait inférieur à l'aîné de ces sportsmen accomplis; il en était jaloux, et déclara que si j'acceptais ces nouveaux alliés, il partirait avec Soliman. Je décidai toutefois que nous garderions les Chériff jusqu'à l'arrivée du chasseur qui devait remplacer Djali; Abou Do n'eut plus rien à répondre.

Le second des quatre frères, appelé Rodar, était manchot. Un jour l'éléphant, après lui avoir tué son cheval, lui avait ouvert le bras gauche d'un coup de défense. Broyés depuis le coude jusqu'au poignet, les os étaient sortis par fragments; les chairs, ratatinées, avaient maintenant l'aspect d'un morceau de cuir tordu, et la main crispée, semblable à une serre de vautour, ne pouvait plus que recevoir la bride qu'elle retenait comme un crampon. Rodar n'en était pas moins le plus renommé de la tribu pour la conduite de la chasse.

Le lendemain, 1er janvier, nous étions partis de bonne heure. Les pistes fraîches abondaient au bord de l'eau; mais pas une d'éléphant. Après avoir longtemps cherché, nous avions quitté la rive, et nous flânions avec délices, abattant les fruits mûrs des baobabs, cueillant aux acacias la gomme dont ils étaient couverts, et qui, pareille à des topazes, les faisait ressembler aux arbres des jardins enchantés. Chacun des aggagir en avait rempli la housse de peau qui forme toute la garniture de leur selle, et en avait eu sa charge, lorsque Taher, l'aîné des Chériff, s'arrêtant, nous montra un fouillis épineux près duquel était une masse informe. Je mis pied à terre, et, accompagné de Soliman, j'avançai avec précaution. En approchant du hallier, je vis deux rhinocéros profondément endormis sous d'épaisses broussailles, où ils étaient couchés tout près l'un de l'autre. Je dis à Soliman de retourner vers les aggagir, de reprendre son cheval, de tenir le mien à ma portée, et j'avançai de nouveau à pas de loup, jusqu'à moins de trente mètres des rhinocéros. Il est probable qu'au milieu de leurs rêves ils sentirent la présence d'un ennemi, car ils se levèrent tout à coup avec une prestesse étonnante, et poussant un ouiff, ouiff, ouiff, des plus aigus, l'un d'eux s'élança vers moi.

Inutile de viser à la tête, que protégeaient les deux cornes. Je lui envoyai ma balle dans la gorge; elle le détourna, mais sans produire d'autre effet; et les deux animaux s'éloignèrent avec une rapidité effrayante.

Tayau! tayau! A nous maintenant de les poursuivre. La gomme est jetée au vent; les aggagir s'élancent derrière le couple. Je remonte à cheval sans perdre le temps de recharger, et je talonne ma bête, afin de rattraper les autres. Mauvais terrain pour une course rapide : les mimosas, bien que largement espacés, n'en sont pas moins redoutables, en raison de leurs branches étalées à peu de hauteur, et dont les épines rendent toute collision sérieuse. Je reste quelque temps en arrière; mais au bout d'un mille, débuchant dans la plaine, je gagne peu à peu et je rejoins les aggagir.

Course furieuse. — Dessin de Émile Bayard d'après sir S. Baker.

Spectacle à rendre fou un chasseur! Les deux rhinocéros fuient côte à côte, ainsi qu'un attelage bien apparié, et bondissent avec une rapidité vertigineuse à dix mètres de Taher, qui, l'épée à la main, les cheveux au vent, jette sa monture au milieu du nuage de poussière que soulèvent les deux bêtes. Rodar, au bras desséché, les rênes pendues à la serre de vautour qui est le reste de sa main gauche, arrive après son frère. Abou Do est le troisième; ses talons battent son cheval, qu'il anime de ses cris, tandis que, penché en avant, sa longue épée tendue, il est sur le point de sauter pour frapper, même dans le vide.

Mes éperons! mes éperons! A eux de faire leur besogne. Vigoureusement appliqués, ils arrachent de Tetel un bond prodigieux; en une seconde je suis au milieu des hommes, des chevaux, des épées nues. Dépassant Abou Do, qui sent faiblir son cheval, et dont les traits expriment le désespoir, je me place à côté de Rodar, qui est bientôt derrière moi.

Il y a rivalité entre les deux bandes; c'est à qui s'efforcera de l'emporter sur les autres. Abou Do arrive à la folie en voyant l'avance de Taher. J'essaye de passer à gauche de l'un des rhinocéros, afin de lui décharger à bout portant la seconde balle de ma carabine; mais impossible de rejoindre les deux bêtes, qui fuient toujours du même galop. Tout ce que nous pouvons faire est de nous maintenir à trois ou quatre pas derrière elles. La seule chance qui nous reste est de conserver notre allure jusqu'au moment où les fugitifs seront forcés de se ralentir.

Nous avons déjà fait deux milles, et aucune apparence de fatigue : c'est toujours la même vitesse, la même course bondissante, tantôt dans la plaine, tantôt dans les basses futaies épineuses, ou dans les broussailles qui font subir aux chevaux de rudes épreuves.

Notre bande s'allonge; nous nous égrenons; quelques-uns seulement ont conservé leurs places. On arrive au sommet d'une chaîne de collines, dont le versant, d'un mille environ, s'incline doucement vers la rivière. Au bas de la pente se dresse le fourré de nabaks. Les poursuivis redoublent de vitesse; ils vont gagner cet asile impénétrable. Nous-mêmes, voyant le but, c'est-à-dire la jongle, où va se terminer la chasse, nous multiplions les efforts.

Il y a vingt minutes que dure cette course foudroyante. Le cheval de Soliman y renonce. Tetel n'est pas des plus vites, mais il a du fond, et prouve sa vigueur, car je pèse au moins vingt-cinq livres de plus que les autres.

Quatre seulement d'entre nous descendent la colline. Taher est toujours à notre tête. Abou Do est le dernier; son cheval va se ralentir; mais lui, en plein galop, saute par terre et continue la poursuite. Il a des jarrets d'antilope; pendant cent mètres je crois qu'il va nous dépasser et qu'il aura l'honneur de frapper le premier coup; mais la distance est trop longue, il est battu par les chevaux.

Plus que trois chasseurs : les deux Chériff et moi.

Crocodile harponné. — Dessin de Émile Bayard d'après sir S. Baker.

J'ai dû céder la seconde place à Rodar; mais je le suis de près. L'émotion est au comble; nous approchons des nabaks. Les rhinocéros commencent à montrer de la fatigue; le nez contre terre, ils soufflent en courant; la poussière vole devant leurs narines. Si j'avais un cheval frais! « Un cheval! un cheval! mon royaume pour un cheval! »

Le fourré n'est pas à deux cents mètres; et nos chevaux sont rendus! le mien chancelle et bronche. Mais les rhinocéros prennent le trot; ils sont las. Courage, Taher! En avant! en avant! Il est sur les talons des deux bêtes; penché sur le cou de son cheval, l'épée haute, prêt à frapper, il gagne sur la plus voisine. Deux secondes, et les fugitifs lui échappent. Un nouvel effort; l'épée brille et jette son éclair, au moment où le dernier rhinocéros disparaît dans les nabaks, ayant sur la croupe une estafilade d'un pied de long.

Encore deux cents mètres et la victoire nous restait! N'importe! « Bravo, Taher! » lui criai-je. Il avait supérieurement donné le coup.

Malgré notre défaite, jamais ni avant, ni depuis cette époque, la chasse ne m'a donné pareille jouissance. La course fut merveilleuse; mais plus merveilleuse encore est l'idée qu'un homme peut attaquer et vaincre, sans autre arme qu'une épée, les animaux les plus puissants de la création. Le rhinocéros est la bête la plus difficile à sabrer, en raison de sa prodigieuse vitesse. Chériff, qui en avait tué beaucoup, n'y était jamais arrivé qu'après une longue poursuite. Quand il est fatigué, l'animal se retourne et fait tête à l'ennemi; l'un des aggagir se détache, et va lui couper le jarret; mais tandis qu'en pareille circonstance l'éléphant est à peu près démonté, la bête cornue galoppe fort bien sur trois jambes, ce qui augmente le péril de ceux qui la provoquent.

Nous n'avons trouvé en Abyssinie qu'une seule espèce de rhinocéros, le noir à deux cornes, celui que, dans l'Afrique australe, on appelle *kéitloa*. Sa hauteur, prise à l'épaule, est généralement de cinq pieds six à huit pouces (un mètre soixante-dix-sept ou un mètre quatre-vingt-deux). Bien que très-massif, il est des plus rapides, ainsi qu'on vient de le voir.

Pas de bête au monde qui ait plus mauvais caractère; c'est l'un des rares animaux qui attaquent sans y être provoqués. Il voit un ennemi dans toutes les créatures; et, bien qu'il ait de mauvais yeux et l'ouïe médiocre, il n'en découvre pas moins un être quelconque à cinq ou six cents pas, lorsque le vent lui est favorable, tant chez lui l'odorat a de finesse. Il n'a pas besoin de le voir pour fondre sur l'objet qui l'irrite; passez-vous dans l'herbe ou dans le fourré qui vous cache à ses yeux, il entre en fureur dès qu'il vous a senti, et charge immédiatement en donnant trois coups de sifflet. Comme il est presque impossible de le tuer quand il vous arrive de face, cette charge imprévue, dans une jongle épineuse, est singulièrement déplaisante, surtout lorsque vous êtes à cheval.

Cette espèce va généralement par couple ou par famille, c'est-à-dire le mâle, la femelle et le jeune. La mère est excessivement farouche, très-attachée à son petit, et veille sur lui avec une extrême sollicitude.

C'est dans la soirée, deux heures après le coucher du soleil, que s'abreuve ce rhinocéros. Il quitte alors sa bauge, ordinairement située à quatre ou cinq milles de la rivière, et se rend au bord de l'eau par des chemins qu'il se fraye lui-même, en ayant soin de changer fréquemment de route. Quand il a bu, il se retire presque toujours sous un arbre, dans l'un des endroits qu'il s'est choisis, et qu'il visite d'une façon régulière. On trouve là de gros tas de fiente qu'il accumule dans un coin. Les chasseurs profitent de cette habitude pour mettre des piéges dans la voie qui conduit à la retraite de la bête; mais l'animal est si défiant, et possède un flair tellement subtil, que la pose du piége demande le plus grand art. Une fosse circulaire, d'environ deux pieds de profondeur et de quinze pouces de diamètre, est creusée au milieu du chemin qui mène à l'asile en question, à peu de distance de l'arbre visité depuis quelque temps. Sur la fosse est mis un cercle en bois, armé intérieurement d'un grand nombre de pointes aigues, faites d'un bois élastique et très-fort, et qui rayonnent vers le centre; qu'on se représente une roue qui n'aurait pas de moyeu et dont les rais, bien aiguisés, se rejoindraient en se recouvrant. Sur cet appareil, soigneusement adapté à l'entrée de la fosse, est posée la boucle d'un nœud coulant fait à l'extrémité d'un câble extrêmement solide; l'autre bout du câble est fixé au tronc d'un arbre que l'on vient d'abattre, et qui porte une rainure profonde où la corde s'engage. On creuse ensuite à côté de la roue un fossé où l'on place cette poutre, qui pèse cinq ou six cents livres, et l'on recouvre le tout avec de la terre que l'on a soin d'étendre au moyen d'une branche; sans cette précaution, l'attouchement de l'homme serait senti par le rhinocéros, qui ne manquerait pas de se détourner. Enfin, sur la terre qui dissimule le piége, on répand, toujours avec la branche, une couche de fiente prise au tas dont nous avons parlé.

Si la bête ne s'aperçoit de rien, elle marche sur la roue, à travers laquelle son pied enfonce; en essayant de le retirer, elle serre le nœud coulant qui lui entoure la jambe et que les épieux de la roue, entrés dans les chairs, empêchent de glisser. Une fois pris, l'animal fait un effort pour se dégager, arrache la poutre qui est retenue par le câble, et l'entraîne dans sa fuite; elle s'accroche aux racines, se prend dans les buissons, fait l'office de drague, et fatigue promptement le rhinocéros.

Le lendemain les chasseurs découvrent aisément le large sillon que la pièce de bois a tracé; dès lors ils ont la bête, et la tuent à coups d'épée ou de lance.

Départ de Delladilla. — Campés à seize milles en amont. — Chasseurs d'hippopotames. — Crocodile harponné. — Une famille d'hippopotames. — Attaque du mâle. — Lutte prolongée. — Capture.

Nous avions quitté l'îlot pour nous établir à Delladilla, cette arène où j'avais tué un éléphant lors de ma première chasse avec les aggagir. Aucun Européen n'avait dépassé ce point de la rive; Florian et Johann Schmidt, son compagnon, étaient même les seuls qui l'eussent jamais visité. Après avoir mis le feu aux grandes herbes, dont les chaumes, de deux à trois mètres, non-seulement nous cachaient le gibier, mais empêchaient de l'atteindre, quand nous l'avions découvert, je résolus d'explorer le pays pendant une quinzaine de jours, ce qui donnerait aux animaux, chassés par la flamme, le temps de revenir au gîte.

La rivière avait été suivie jusqu'au pied des montagnes, et nous étions campés à seize milles en amont de Delladilla, à la place même où, l'année précédente, un parti de Basés avait été sabré par des aggagir. Nos chasseurs prétendaient que l'ennemi essayerait d'en tirer vengeance; mais l'ennemi avait peur de nos carabines, et savait en outre que nous étions nombreux. Une douzaine de *houarti* (chasseurs d'hippopotames) de la tribu des Hamran s'étaient joints à notre bande; nous pouvions donc nous faire respecter.

Ces houarti sont des gens pleins d'adresse et de courage. Leur chasse est périlleuse, moins encore par le fait de l'hippopotame, que par celui des crocodiles au milieu desquels ils vivent continuellement sans nul moyen de défense. Il n'est pas d'hommes plus insouciants du danger. Le harpon dont ils se servent est un morceau d'acier détrempé formant une lame qui n'a pas deux centimètres de large, et qui n'est barbelée que d'un seul croc. A cette arme, insignifiante en apparence, est attachée une bouée de la grosseur de la tête d'un enfant. La corde à laquelle cette flotte est suspendue a une longueur d'à peu près vingt pieds; le harpon est emmanché d'un bambou qui en a dix; la ligne est enroulée autour de cette canne, que le harponneur tient de la main droite, tandis que la bouée reste dans la main gauche.

Un peu avant l'aube, huit ou dix jours après leur arrivée, j'accompagnais les houarti qui s'en allaient en chasse. Ils étaient deux; je ne parle pas de leur suite. Beaucoup d'hippopotames habitaient cette partie de la rivière, et nous ne fûmes pas longtemps avant d'en rencontrer. Les harpons en manquèrent plusieurs; mais un crocodile fut traqué de la façon la plus intéressante. Il était couché sur un banc de sable de la rive opposée, à côté d'un bouquet de roseaux. Ayant pris la direction du vent, les houarti remontèrent la berge pendant un quart de mille, et entrèrent dans le Settite, le harpon à la main. Ils gagnèrent l'autre bord; et tantôt nageant, tantôt marchant au pied de la falaise, flottant à la dérive, ou se traînant sur le sable, ils finirent par gagner les roseaux derrière lesquels était le monstre qui dormait au soleil. Ils avaient de l'eau jusqu'à la ceinture et avançaient, le harpon levé, prêts à frapper le crocodile aussitôt qu'ayant dépassé le massif, ils pourraient voir la bête. Comme ils arrivaient à l'angle du rideau, le monstre, dont ils étaient encore à près de quatre-vingts pas, les aperçut ou les sentit, et se jeta dans la rivière. Au même instant les harpons furent lancés; l'un d'eux glissa sur les écailles, mais l'autre s'enfonça dans l'armure; et le fer, détaché du bambou, s'y maintient solidement, tandis que la flotte, courant avec la bête, en indiquait la fuite.

Les houarti choisirent un endroit convenable pour repasser l'eau, et revinrent en nageant, sans paraître plus se soucier des crocodiles qu'on ne s'inquiète des brochets quand on se baigne dans nos rivières.

Partis avec l'intention de prendre un hippopotame, ils ne voulurent pas s'attarder à suivre leur reptile, qu'ils étaient sûrs de retrouver plus tard, la bouée en marquant la position.

Nous continuâmes donc à chercher nos amphibies, qui semblaient être sur le qui-vive. Ne sachant pas si les harpons seraient plus heureux cette fois qu'au début, je visai derrière l'oreille la première bête qui se présenta, et la foudroyai du coup.

A la fin nous arrivâmes près d'un large étang, qui renfermait plusieurs bancs de sable, et des îlots rocheux. Parmi les rocailles était une famille d'hippopotames, composée d'un vieux mâle et de plusieurs femelles. Un jeune était debout, vilaine petite statue, posée sur une roche saillante, tandis qu'un autre bambin, dans la même attitude, mais sur le dos de sa mère, voguait avec insouciance.

La place était parfaite; les houarti me prièrent de me coucher, et se glissèrent dans la jongle où ils disparurent. Je les vis ensuite descendre en tapinois sur la grève, et s'y traîner jusqu'à deux cents pas des roches où les hippopotames se chauffaient au soleil.

La scène devenait extrêmement émouvante; nos chasseurs avaient pris l'eau, et, filant avec elle, se dirigeaient vers le vieux mâle qui ne se doutait de rien. Quand ils furent près des roches ils plongèrent tous les deux, et reparurent peu de temps après au coin du roc, où l'on voyait toujours le petit.

Fut-ce le jeune hippopotame qui se précipita dans l'eau avant le jet des harpons, ou ceux-ci qui d'abord quittèrent les mains des chasseurs? Je ne saurais le dire; dans tous les cas ce fut l'affaire d'une seconde. Les houarti plongèrent aussitôt, et, ne reparaissant qu'à une certaine distance, ils gagnèrent la rive en toute hâte, de peur d'être saisis par le blessé : l'un des harpons s'était fixé dans la tête du vieux mâle, à laquelle il avait été envoyé d'une main ferme; l'autre avait manqué le but.

Ce fut une belle chasse! L'animal furieux bondit à la surface de l'eau, renâclant et soufflant dans sa rage impuissante. Aiguillonné par le fer dont il ne pouvait se délivrer, il essayait de fuir ses persécuteurs imaginaires, et plongeait, et remontait aussitôt pour découvrir l'ennemi. Toutefois cela ne dura pas longtemps. Les chasseurs, dans tout le feu de l'action, avaient appelé leurs hommes, qui étaient dans le voisinage avec mes deux aggagir, Abou Do et Soliman.

La bande entière, pourvue des câbles qui font partie de l'équipement d'un harponneur, se rangea au bord de l'eau. Deux hommes prirent le bout de la corde la plus longue, et se jetèrent à la nage; quand ils eurent gagné la rive opposée, je vis qu'une seconde corde était solidement fixée au milieu de la ligne principale. Il y avait ainsi de notre côté deux bouts de câble, tandis que sur l'autre bord il ne s'en trouvait qu'un; d'où il résultait un angle aigu, dont le sommet était au point de jonction des deux lignes, et l'ouverture devant nous.

L'objet de cet arrangement me fut bientôt expliqué : deux hommes, placés auprès de moi, prirent chacun un de ces bouts de corde; l'un d'eux alla se mettre à dix pas de l'autre. Le câble principal fut alors traîné sur les deux rives jusqu'à ce que l'on eût rejoint la bouée, qui flottait çà et là, d'après les mouvements que l'animal faisait au fond de l'eau. Par une secousse habilement imprimée à cette ligne maîtresse, la flotte se trouva placée entre les deux câbles, et fut immédiatement saisie dans l'angle aigu, dont les deux côtés se rapprochèrent. Aussitôt les hommes, qui étaient sur l'autre rive, lâchèrent le bout de la grande ligne, tandis que ceux qui étaient près de moi tirèrent sur la bouée, maintenue fortement par les deux cordes.

J'étais de la partie; et n'ai jamais rencontré d'efforts de résistance pareils à ceux de notre captif, auquel nous cédions par instants, pour le malmener ensuite. Plus furieux que jamais, il fit un bond hors de l'eau, grinça des dents, et ronfla avec rage, en soulevant des flots d'écume; puis ayant plongé, il se dirigea sottement vers nous. La ligne détendue fut amenée promptement et enroulée autour d'une roche, qui était au bord de la rivière. L'hippopotame reparut alors à dix pas des chasseurs, bondit de nouveau et, faisant claquer ses mâchoires, essaya de saisir la corde. Au même instant deux harpons lui arrivèrent dans le côté.

Bien loin de fuir, l'animal en furie s'élança, prit pied sur un haut fond, leva sa masse énorme, et, la gueule ouverte, escalada le banc de sable, où il vint hardiment attaquer les chasseurs. Il connaissait peu l'ennemi; les hommes qu'il menaçait n'étaient pas gens à s'effrayer d'une gueule béante, fût-elle armée d'une denture formidable. Il reçut aussitôt une demi-douzaine de lances, dont quelques-unes, jetées de cinq ou six pas, lui entrèrent dans la gueule. En même temps d'autres hommes lui envoyaient dans les yeux des poignées de sable, qui lui furent plus sensibles. Il avait brisé les lances comme des brins de paille; mais le sable le fit reculer.

Pendant sa folle attaque, deux chasseurs avaient saisi les lignes des trois harpons qui le retenaient. Tout à coup l'une des cordes céda, tranchée par les dents de la bête, qui se trouvait au fond de l'eau. Immédiatement l'animal reparut, et, sans hésiter, courut

Hippopotame harponné. — Dessin de Émile Bayard d'après sir S. Baker.

pour la troisième fois sur les chasseurs, en ouvrant une gueule tellement large, que deux personnes y auraient trouvé place.

Soliman bondit, la lance au poing, et frappa l'horrible tête, sans produire aucun effet. Abou Do, en même temps, s'avançait l'épée haute, me représentant Persée allant tuer le monstre qui devait dévorer Andromède; mais la blessure ne fut qu'une entaille insignifiante. De nouvelles poignées de sable qu'on lui jeta à la face obligèrent l'animal à plonger pour se laver les yeux. Six fois pendant le combat il quitta sa retraite liquide et chargea bravement ses adversaires. Il avait broyé toutes les lances que sa gueule avait reçues; le fer des autres, émoussé en tombant sur le roc, ne pénétrait pas dans son cuir épais.

La lutte avait duré trois heures; le soleil allait se coucher, et le vaillant hippopotame, halé près du bord, se défendait toujours. Les hcuarti, craignant qu'il ne vînt à couper la corde, me prièrent de lui donner le coup de grâce. J'attendis une occasion favorable: il leva fièrement la tête au-dessus de l'eau, à trois pas de ma carabine; et la balle, le frappant entre les yeux, termina ce drame palpitant.

Pour extrait et traduction : Henriette Loreau.

(La fin à la prochaine livraison.)

Lutte suprême (voy. p. 155). — Dessin de Émile Bayard d'après sir S. Baker.

EXPLORATION DES AFFLUENTS ABYSSINIENS DU NIL,

PAR SIR SAMUEL W. BAKER[1].

RÉCITS DE CHASSE.

1861-1862. — TEXTE ET DESSINS INÉDITS.

XX

Poursuite d'un lion. — Habileté d'Agghar. — Comment on chasse le lion à l'épée. — Dépècement d'un buffle. — Morceau friand. — Traces de rhinocéros. — Sauve qui peut! — Herbe incendiée. — Le Méhédéhet. Fâcheuses nouvelles. — Les Basés. — Haine qu'ils inspirent. — Incertitude de leur origine. — Leur type. — On évite leur territoire. — Un affût. — Surprise d'un rhinocéros. — Valeur du cuir et de la corne du rhinocéros. — Petits oiseaux. — Ruses du crocodile.

Autour de nous, comme à Delladilla, de grands chaumes restaient sur pied dans les endroits où la terre était profonde. Voulant brûler cette herbe, non-seulement gênante, mais où l'ennemi pouvait se cacher, nous partîmes au point du jour, pendant que les houarti allaient à la recherche de leur crocodile. Je montais Agghar, ma meilleure bête de chasse.

La rivière avait été franchie ainsi que le fourré épineux qui la bordait, et nous nous trouvions dans une plaine entrecoupée de broussailles, lorsque nous vîmes à deux cents mètres un lion magnifique qu'une épaisse crinière faisait paraître colossal; il se dirigeait tranquillement vers son fort. « El assat! » (le lion) murmurèrent les aggagir, dont l'épée sortit du fourreau par un mouvement instinctif. Au même instant les chevaux rasèrent la plaine.

Le lion ne nous avait pas remarqués; mais en entendant les sabots de nos montures, il s'arrêta, releva la tête et nous regarda dévorer la distance. Quand il pensa que la fuite devenait urgente, il se mit à bondir, entraînant nos chevaux lancés à toute vitesse.

Nous continuâmes de la sorte, jusqu'à n'être plus qu'à environ quatre-vingts pas du félin, qui, malgré l'aisance avec laquelle il arpentait le sol, courait moins vite que nous.

Une admirable scène! Agghar était extrêmement rapide et comprenait merveilleusement la chasse qu'il avait apprise au service des aggagir. Son galop était

1. Suite et fin. Voy. p. 129.

la perfection même : de longues enjambées, souples et fermes, aussi douces pour le cavalier que faciles pour lui. Pas besoin de le conduire ; il suivait la bête comme un limier et se dirigeait seul au milieu des arbres, évitant avec soin les tiges nombreuses et choisissant l'endroit où les branches devaient me permettre de passer.

En cinq minutes le lion avait été mené à travers la plaine, et quelques mètres seulement nous séparaient du bois quand, au moment où l'aîné des Chériff et Abou-Do le rejoignaient chacun d'un côté, le lion sauta au fond d'un ravin et disparut dans les nabaks dont l'abîme était couvert.

Je fus très-désappointé; le combat eût été glorieux et il y avait longtemps que je désirais voir attaquer le lion à l'arme blanche. Taher et Abou-Do n'étaient pas moins contrariés; ils affirmaient qu'ils auraient tué la bête. Leur projet était de se maintenir de chaque côté du lion à quelques mètres de distance; pendant que l'animal aurait chargé l'un d'eux, l'autre lui aurait tranché les reins d'un coup d'épée.

Un bon chasseur, disaient-ils, peut se défendre alors même que le lion saute sur la croupe du cheval; il suffit pour cela de donner le coup en arrière. Le grand danger est lorsque l'ennemi s'accule dans les broussailles et se retourne pour faire tête. En pareille occasion les aggagir forment un cercle, ils vont droit à l'ennemi qui s'élance et qui est frappé au moment où il retombe. Chaque fois qu'il y a combat, la mort du lion est certaine, mais il n'est pas rare qu'un cheval ou un homme soit blessé dans la lutte, quelquefois ils le sont l'un et l'autre, quelquefois même plusieurs y perdent la vie.

Peu de temps après j'avais tué un buffle. Mes aggagir dépouillèrent la bête avec soin et en divisèrent la peau d'après certaines mesures, afin que chacune de ses portions pût faire un bouclier. Les autres, pendant ce temps-là, découpaient l'animal et préparaient le festin d'usage, c'est-à-dire qu'ayant ouvert la panse, ils l'arrosaient du fiel dont ils pressaient la vésicule pour n'en rien perdre. Ainsi accommodé, l'ignoble morceau est dévoré cru à l'instant même.

La viande fut mise promptement sur les chameaux, puis nous en revînmes à notre projet d'incendie. Il fallait prendre le vent et se diriger vers un endroit où le sol était couvert de chaume.

Nous traversions un massif de kittar à peu près caché dans l'herbe, tant celle-ci était haute, lorsque, marchant à la tête de la colonne, je tombai sur des traces de rhinocéros. Les empreintes évidemment étaient si récentes, que les animaux ne pouvaient pas être bien loin. J'avais emmené deux de mes Takrouris, et Mahomet le palefrenier qui, à l'occasion, devait tenir mon cheval. La marche était difficile pour les hommes, plus encore que pour les chevaux, à cause d'énormes pierres qu'on ne voyait pas dans l'herbe.

Nous étions arrêtés, nous demandant la position que pouvaient occuper les rhinocéros et pensant à ce qu'il y aurait de désagréable s'ils venaient à nous flairer, quand nous entendîmes ces cris bien connus : ouiff! ouiff! ouiff! suivis d'un ouragan à travers les grandes herbes et les épines : en même temps nous vîmes deux de ces énormes brutes arriver droit sur nous.

Sauve qui peut! et chacun de s'escrimer. A peine le temps de regarder derrière soi. Je creusai de l'éperon les flancs d'Agghar, je le saisis par le cou, plaçai au niveau de son épaule ma tête bien défendue par ma casquette de chasse, et me fiant à la Providence et à la bonté de mon cheval : en fuite! en fuite! par-dessus les rocs et les arbres tombés, à travers les broussailles et les chaumes, avec les deux brutes infernales à quelques pieds derrière moi.

J'avais leur sifflement dans l'oreille, mais mon cheval l'entendait également, et le brave chasseur volait en dépit des obstacles, franchissant barrières et rocailles, plongeant sous les épines et faisant des crochets comme un lièvre.

Les aggagir étaient dispersés; Mahomet avait reçu le choc de l'un des rhinocéros; les autres gravissaient les rochers en s'aidant de la crosse des carabines; jamais déroute ne fut aussi complète.

A la sortie du fourré je regardai derrière moi. Voyant les rhinocéros continuer leur course en ligne droite, j'essayai de les poursuivre, mais impossible d'en rien faire. Une chose merveilleuse, c'est que mon cheval ait pu leur échapper sur un pareil terrain.

Bien que mes habits fussent en grosse étoffe arabe, étoffe de coton qui se déchire rarement et qui perd simplement un fil quand elle est prise par les épines, je me trouvais presque nu. Ma blouse était en lambeaux, et comme je portais des manches ne descendant que jusqu'au coude, le sang ruisselait de mes bras. Il était heureux que j'eusse saisi le cou de mon cheval, sans quoi les épines m'auraient arraché de la selle.

Tous mes hommes étaient de même déchirés et meurtris; quelques-uns étaient tombés sur la tête au milieu des rochers, les autres étaient blessés à la jambe. Quant à Mahomet, le rhinocéros qui ne le voyait pas l'avait renversé, non avec sa corne, mais avec l'épaule et lui avait fait plus de peur que de mal. En somme, nous étions tous hors de péril.

Décidé à brûler les herbes, j'allai prendre le vent au bord de l'eau, puis échelonnant mes hommes sur une ligne qui pouvait avoir un mille d'étendue, je leur fis embraser le chaume à différents endroits. Les flammes s'élevèrent en rugissant et avec une rapidité surprenante. Fouettée par le vent du nord qui soufflait avec force, la ligne de feu courut dans tous les sens, dévorant l'herbe aussi inflammable que de l'amadou.

Nous repassâmes la rivière pour éviter la flamme et nous reprîmes le chemin du bivac. En route je tirai de fort loin un bubale que je blessai maladroitement; l'instant d'après je fus plus heureux. Confiant ma monture à l'un des chasseurs, j'entrepris de rejoindre un beau méhédéhet (*redunca ellipsyprimnaa*) qui se trouvait à quelques pas d'un troupeau, formé seulement d'un petit nombre d'individus, et posé sur la crête d'un pli de terrain, derrière lequel se trouvaient des broussailles. Je m'étais désigné comme abri un petit buisson que je parvins à gagner inaperçu et qui pouvait être à cent vingt mètres de l'animal.

Je visai à l'épaule avec ma petite carabine; la bête fit quelques bonds, puis tomba morte. Les autres la regardèrent tout étonnées, et de ma seconde balle j'abattis ce que d'abord j'avais pris pour une femelle; c'était un jeune mâle.

Le méhédéhet, *waterbok* du midi de l'Afrique, est de la couleur du cerf; il a le poil encore plus rude, plus gros que celui-ci, et n'en est pas moins d'une grande beauté. Sa taille est la même que celle du nelleut (*tragélaphe strepsicère*) : un mètre trente-deux centimètres. Ses cornes sont annelées et s'incurvent légèrement. La femelle, non plus que celle du nelleut, n'a pas d'armure de tête, et ressemble beaucoup à la biche de l'hippélaphe ou sambâr de l'Inde.

La nuit approchait lorsque nous atteignîmes le bivac; il y régnait une certaine agitation. Les houarti avaient retrouvé leur crocodile et s'en étaient emparés; mais des rapports fâcheux avaient été faits par nos guetteurs qui avaient aperçu des Basés sur plusieurs points, et la bande entière désirait vivement retourner à Delladilla.

Lorsque, voulant explorer le Settite, qui traverse le territoire des Basés, j'avais cherché à me renseigner sur cette province, on m'avait fait partout la même réponse : « Pays sauvage et indépendant, habité par une race féroce, dont la main est levée contre tous les hommes; race détestée, qui a pour ennemis tous ceux qui l'avoisinent et qui vit en sûreté dans ses montagnes où elle défie ses adversaires. »

Le Basé est une portion de l'Abyssinie, mais l'origine de la tribu qui l'occupe est enveloppée de ténèbres. Est-ce un débris de la race éthiopienne qui possédait la contrée avant la venue des Abyssins, ou une fraction des peuplades à cheveux crépus qui demeurent sur la rive gauche du Nil-Bleu? On l'ignore. Tout ce que nous pouvons dire, c'est que les Basés ont le même type que les habitants du Fazokl. Leur peau, qui est très-noire, et leur chevelure frisée et laineuse, les font ressembler aux nègres, mais ils n'ont pas le nez aplati, ni la machoire proéminente.

En dépit de l'écrasante supériorité de leurs voisins, les Basés n'ont jamais été asservis et ne peuvent pas l'être d'une manière définitive. Armés seulement d'une lance, mais comptant sur leur extrême agilité, plus encore sur les obstacles qui protègent leur demeure, ils ne fondent sur l'ennemi qu'à la dérobée. Leurs espions, qui rôdent sans cesse, glissent inaperçus comme le léopard, et leur attaque, toujours furtive, est invariablement une surprise. Vainqueurs ou vaincus, ils fuient d'une égale vitesse et rentrent dans leurs repaires.

Comme il n'y a chez eux d'autre butin à saisir que des femmes et des enfants, leur territoire est généralement évité, à moins qu'on ne l'aborde avec l'intention expresse d'y faire une razzia d'esclaves, ou qu'on n'y vienne pour la chasse, ce que font les aggagir. Dans ce cas-là, s'il y a rencontre, pas de quartier de part et d'autre; la guerre qu'ils se font est une guerre à mort.

Mes chasseurs ne redoutaient certes pas les Basés. Eût-il fallu en attaquer des légions, Abou-Do, Taher-Nour et Soliman auraient fondu sur eux l'épée à la main avec une joie réelle, mais le reste de la bande était vivement ému. Les Takrouris eux-mêmes, bien que très-braves à certains égards, se montraient peu rassurés.

Comme j'avais presque fini l'exploration que je voulais faire dans ces parages, il fut décidé que nous lèverions le camp sous peu de jours et que nous reviendrions à notre précédent bivac. Cela suffit pour calmer les inquiétudes.

Sur le point de partir, je voulus chasser une dernière fois dans les environs. Il y avait à trois cents pas du camp un sentier par lequel les animaux se rendaient à la rivière chaque matin de sept à neuf heures.

J'avais déjà tué plusieurs antilopes en me plaçant derrière un rocher qui se trouvait près de l'abreuvoir. Je m'embusquai à la même place, et vis bientôt arriver plusieurs troupes de bubales, de nelleuts, d'ariels (*gazelle dama*), de dorcas ou gazelles rayées de noir, et d'octérops (*calotragus montanus*); en outre deux autruches, gibier fort rare dans le pays, à en juger par le petit nombre de celles que j'y ai vues; elles remontaient vivement la berge suivies des autres animaux et passèrent à quatre-vingts pas de mon abri. J'avais ma petite carabine et fus tenté de faire coup double sur une autruche et sur un bubale.

L'un et l'autre tombèrent; l'antilope était morte, frappée à travers le cou; mais l'autruche, qui était un beau mâle, se releva immédiatement et s'enfuit avec sa femelle aussi vite que ses longues jambes le lui permirent.

J'étais on ne peut plus contrarié. Trompé par la rapidité de la bête, j'avais tiré trop en arrière.

Voulant racheter cette maladresse, je saisis la carabine que me tendait l'un de mes hommes, et tuai raide un nouveau bubale, qui fermait la marche de la seconde bande.

J'essayai de rejoindre mon autruche; mais il me fut impossible d'en retrouver la piste au milieu des rochers.

Prenant alors Agghar, je passai la rivière, accompagné de Taher-Nour, mon traqueur, ainsi que des Takrouris, qui portaient mes carabines, et j'allai droit devant moi. Le terrain, dont le feu avait consumé l'herbe, était couvert de cendres noires, où les traces des animaux se voyaient distinctement.

J'avais fait environ quatre milles, suivi, comme toujours, d'une couple de chameaux, portant des cordes, des outres pleines, etc., quand nous vîmes un rhinocéros, qui était seul au milieu d'une clairière. Je fis placer mes gens hors de vue ; je leur confiai mon cheval ; et, accompagné seulement de Taher-Nour, je me mis à traquer la bête, qui à trente-cinq pas, reçut une première balle à l'épaule ; elle se retourna vivement, cherchant du regard d'où lui venait sa blessure ; puis, ne voyant pas qui avait pu la frapper, elle gagna le pied d'un arbre à large cime, et se coucha dès qu'elle y fut arrivée. C'était la preuve que sa blessure était grave. Relevé à mon approche, le rhinocéros aperçut Taher et me présenta le côté. Je me mis à courir, il s'élança vers moi ; mais le coup était parti. J'allais lui envoyer ma troisième balle quand il tourna sur lui-même en poussant un cri aigu et tomba sur le flanc. Je lui jetai une pierre ; il était déjà mort.

Pas d'animal plus facile à dépouiller ; le cuir en est tellement raide qu'on le détache de la chair comme on écorce une orange. Au bout de deux heures, non-seulement la peau du nôtre était enlevée et divisée par morceaux de la dimension voulue, mais elle était attachée sur les chameaux, ainsi que la tête et la quantité de viande nécessaire pour compléter la cargaison.

Une peau de rhinocéros fournit la matière de sept boucliers ; chacune des portions destinées à cet usage se vend deux thalaris, qui valent dix francs et quelques centimes. La corne du même animal se paye également, en Abyssinie, dix francs la livre ; on en fait des poignées d'épée qui sont en très-grande faveur.

Je revins lentement en suivant la rivière. Une foule de petits oiseaux couvraient les cépées touffues, qui,

Sauve qui peut! — Dessin de Émile Bayard d'après sir S. Baker.

en certains endroits, croissent sur les bords. Le poids du groupe fait incliner la branche jusqu'à la surface de l'eau ; c'est le moment de s'abreuver, et tous les becs donnent au courant un baiser rapide. Ces malheureux petits êtres n'ont aucun repos ; les crocodiles et les poissons les happent quand ils essayent de boire, les rapaces les poursuivent sans cesse. Dans ce pays, toute créature faible est misérable.

On ne se figure pas combien le crocodile est rusé ; il est facile de le voir à la manière dont il attaque ces oiseaux. Les pauvres petits connaissent fort bien le danger qui les menace, et, toujours prêts à partir, cherchent à y échapper en s'envolant. Il faut alors que le crocodile les rassure ; il se montre donc à la surface de l'eau, et reste là paisiblement, comme s'il y était venu par hasard. Quand il voit que toute la bande a les yeux sur lui, il s'en va d'un air d'indifférence, et, toujours à fleur d'eau, gagne un point éloigné. Les oiselets, qui s'étaient prudemment retirés du bord, croyant n'avoir plus rien à craindre, reviennent aux branches qu'ils ont quittées, et profitent de ce moment pour tremper leurs becs dans la rivière. Mais tandis qu'ils sont tout à la joie de pouvoir apaiser leur soif, ils ne s'aperçoivent pas que l'ennemi a disparu. Tout à coup l'eau s'entr'ouvre, et une gueule énorme, où s'engouffrent quelques douzaines de victimes, signale le retour imprévu du monstre, qui, après avoir plongé furtivement, est venu par une nage rapide se placer au-dessous des brindilles où les oiseaux pendaient en grappes.

C'est toujours ainsi qu'il manœuvre. Découvre-t-il une femme qui puise de l'eau, un animal qui boit, il plonge immédiatement, reparaît après avoir franchi une centaine de mètres, qui l'ont rapproché du but; puis il jette un regard vers l'objet de sa convoitise, plonge de nouveau, et atteint l'endroit précis au-dessus duquel la personne ou l'animal est penché. En pareil cas il happe immédiatement sa victime; si elle est à côté de lui, il la frappe à coups de queue, avant de la saisir avec sa gueule.

Quand la proie est volumineuse, le monstre ne l'entame pas sur-le-champ; il l'emporte dans quelque trou profond, sous un rocher, ou sous des racines, la garde longtemps entre ses mâchoires, puis la dévore à loisir.

A Delladilla. — Plus d'aggagir. — Dans le bois voisin. — Empreintes d'un lion autour du camp. — Recherche du lion au milieu des broussailles. — Deux lions au lieu d'un; et pas de carabine! — Mort d'une lionne. — Le nelleut. — Pêché d'un baggar et de trois tortues. — Singuliers poissons des affluents du Nil. — Beauté du pays. — Lions difficiles à rejoindre. — L'un d'eux veut pénétrer dans le camp. — Recherche de l'audacieux. — Tiré dans une clairière. — Tetel en face du lion.

Le jour suivant nous rentrions à Delladilla, où rien n'était changé; mais je n'avais plus d'aggagir. Les frères Chériff, n'ayant pas pu s'entendre avec Abou-Do, étaient partis; ils chassaient alors sur les bords du Royan, où je devais me rendre en quittant le Settite. Quant aux deux autres, ils avaient abusé de leur monture au point qu'il leur était maintenant impossible de faire une chasse sérieuse. Mes trois bêtes, au contraire, ménagées autant que faire se pouvait, étaient en parfaite condition. Abou-Do me demanda de les lui prêter. Je refusai, ayant un long voyage en perspective; ce refus amena le désaccord entre nous. Bref, il valait mieux se quitter avant que la mésintelligence devînt plus grave, et nous nous séparâmes. Ils n'avaient pas à se plaindre: depuis que nous étions ensemble, ils avaient expédié à Gira, pour leur propre compte, plus de vingt charges de chameau composées de cuir, de graisse, de viande sèche. Outre cela, ils avaient eu la plus grande partie de l'ivoire; jamais ils n'avaient fait d'expédition aussi fructueuse.

Tandis qu'on dressait le camp, je partis avec Taher-Nour, et j'allai flâner dans le bois, supposant que j'y trouverais un nelleut à moins d'un quart de mille. Bornée des deux côtés par la rivière, séparée de la terre ferme par un ravin, cette portion de la forêt avait été respectée par l'incendie et, l'herbe n'y étant pas détruite, elle servait d'asile à toute espèce de gibier, qui trouvait à son ombre la pâture et le couvert.

Ce ne fut pas une antilope qui fut tuée, mais un buffle.

Mes gens se mirent à écorcher la bête, et je continuai ma promenade. Avant de m'éloigner, j'avais donné l'ordre de laisser la carcasse et une partie de la viande, afin d'attirer les lions, qui, fort nombreux dans le voisinage, étaient néanmoins d'une découverte très-difficile, en raison de l'abri qu'ils trouvaient dans les nabaks. J'étais bien résolu à traquer ces animaux, si toutefois la chose était possible dans une région qui leur était si favorable.

Retour de l'abreuvoir. — Dessin de Émile Bayard d'après sir S. Baker.

Ils rugirent cette nuit-là de tous les côtés, et, au point du jour, on trouva les empreintes que l'un d'eux avait laissées autour du camp.

Je pris immédiatement Taher, Hassan et Hadji-Ali, mes porteurs de carabine, et je me rendis à l'endroit où la veille j'avais fait laisser le buffle. Il n'en restait pas même un os; je m'y attendais. Le sol battu présentait partout des traces de lion; quant à la proie, on l'avait traînée dans la jongle; il était facile de le voir au sentier qu'elle avait marqué dans l'herbe. Malheureusement la piste descendait avec le vent, ce qui m'obligeait à faire un long détour, et à remonter au milieu des épines, jusqu'à l'endroit où mon nez m'indiquerait la position du cadavre, près duquel devaient se trouver les lions.

Je recommandai à mes hommes de ne pas s'éloigner de moi, et j'entrai dans le hallier. Mes carabines de rechange m'étaient d'autant plus nécessaires que je portais une arme d'une extrême précision, mais qui était simple.

Suivi de près par mes compagnons, j'avançais doucement et avec difficulté, glissant dans l'herbe, rampant sous les nabaks, regardant à travers les broussailles, les nerfs tendus et le doigt sur la gachette. Nous nous traînions ainsi depuis une demi-heure quand une bouffée de vent m'apporta tout à coup l'odeur bien reconnaissable de la viande gâtée.

Me tournant du côté de mes hommes, je leur fis signe que nous approchions du but, et qu'il fallait être prêt à me passer les carabines; puis je redoublai de précautions afin d'éviter le moindre bruit. L'odeur était de plus en plus forte; la charogne n'était pas loin; cela devenait palpitant.

J'avançais toujours, lorsqu'un rugissement effroyable, poussé tout près de nous, me fit porter l'arme à l'épaule. Presque aussitôt j'aperçus le corps d'un lion ou d'une lionne à trois pas de moi, de l'autre côté du buisson sous lequel je rampais; la tête m'était cachée par les feuilles; mais j'aurais presque touché l'animal du bout de ma carabine.

Le coup était sérieux; je visai droit à l'épaule. Un rugissement terrible, accompagné d'un bond, qui fit craquer les broussailles, fut suivi d'un rugissement pareil, et un nouveau lion, prenant la place de l'autre, apparut, tout surpris de ce qu'il venait d'entendre.

Les yeux fixés sur la bête, j'étendis la main derrière moi, car j'étais désarmé. L'animal, toujours debout, regardait du côté du vent, et reniflait l'air pour découvrir l'ennemi. Il était de grande taille; une crinière épaisse, un lion magnifique; et pas de carabine! Je tournai la tête, et vis mes gens qui trébuchaient à cinq ou six pas. Les dents grinçantes, les yeux pleins de fureur, je les menaçai du poing. Taher-Nour prit la carabine des mains d'Ali, et s'élançait pour me l'apporter, lorsque, honteux de lui-même, Hassan vint me donner la sienne; mais le lion avait disparu.

Jamais plus belle chance n'a été perdue plus sottement; et je fis vœu de ne jamais chasser la grosse bête avec un seul coup dans la main. Si j'avais eu mon petit Fletcher, l'animal était tué: cela ne fait pas le moindre doute.

Toutefois je n'avais pas le temps de réfléchir. Où était le lion que j'avais tiré? Quelques restes de buffle se trouvaient à ma droite; l'animal devait être dans le voisinage. Je pris l'une des carabines doubles, et prêtai l'oreille au moindre bruit. Un grondement se fit entendre à quelques pas. Taher-Nour mit l'épée à la main, et, le bouclier en avant, il chercha dans les broussailles, tandis que je rampais du côté où j'avais entendu la voix.

Tout à coup le lion rugit avec force, prit la fuite et bondit à dix mètres, sans que je pusse le tirer. Le grondement étouffé se répéta; je continuai à ramper dans cette direction, et je vis une magnifique lionne, couchée dans l'herbe qu'elle avait brisée. Elle était mourante de la balle qu'elle avait reçue. Dans sa rage elle se mordait la patte, et frappait le sol qu'elle déchirait avec ses griffes. Il n'y avait pas entre elle et nous plus de neuf mètres; je dis à mes hommes de lui jeter des mottes de terre, afin de savoir si elle pourrait se lever. Un rugissement sourd fut son unique réponse, et je terminai ses souffrances en lui logeant une balle dans la tête; la première l'avait traversée d'une épaule à l'autre.

Comme nous revenions au bivac par le fourré, un élan rapide eut lieu tout près de moi; je crus d'abord que c'était un lion; mais aussitôt je vis passer un beau nelleut que je tuai raide d'une balle à travers la nuque. J'avais de la chance: tuer en deux coups une lionne et une antilope dont le transport exigeait un second chameau!

De toutes les antilopes de grande taille, le nelleut, qui est le coudou du midi de l'Afrique, est la plus élégante. Le mâle a treize palmes environ (un mètre huit ou dix centimètres) du sabot à l'épaule. Il est armé de belles cornes en spirale de trois pieds de long. Sa robe d'un gris de souris foncé a des raies blanches sur les flancs, et une ligne de même couleur, allant du garrot à la naissance de la queue. Cette belle antilope n'habite pas la plaine, comme la plupart de ses congénères; on la trouve ordinairement dans les gorges profondes et boisées.

Le soir j'allai jeter ma ligne au pied d'une falaise, où, malgré la sécheresse, il y avait beaucoup d'eau. Je ne pris qu'un seul poisson d'une douzaine de livres, une sorte de perche, que les Arabes nomment El baggar, c'est-à-dire la vache et qui est un poisson d'une grande beauté et d'une chair parfaite. J'en avais pêché ailleurs de soixante à soixante-quinze livres: c'était donc une faible capture; mais j'amenai ensuite trois tortues qui mordirent à l'appât avec une extrême avidité. Elles appartenaient à l'espèce qui habite le Nil et qui, dans la science, est connue sous le nom de *trionix nilotica*. L'une d'elles renfermait plus de cent œufs, qui furent mangés en omelette, bien qu'ayant une saveur un peu forte.

D'un aspect désagréable, ces tortues qui ont la tête d'un serpent, n'en font pas moins d'excellente soupe. Leur corps est excessivement plat, et leur carapace, dont l'écaille est d'un vert foncé, tacheté de jaune, a la lisière molle. Elles sont très-vives, et arpentent la berge si rapidement qu'elles font penser à la tortue qui battit le lièvre à la course.

Dans le Settite, comme dans les affluents du Nil, on trouve des reptiles et des poissons étroitement alliés entre eux, et dont le passage d'une espèce à l'autre est facile à saisir. Il y a tel poisson pourvu d'une armure osseuse, qui lui couvre la tête et plus de la moitié du corps; au bas des nageoires pectorales sont placées deux longues pointes mobiles, sur lesquelles ce poisson à carapace se lève et s'appuie comme sur des jambes, lorsqu'il est sur terre. Le *lepidostren annectens* du Nil Blanc est ambigu entre le poisson et la grenouille. Enfin certains poissons, dont la vase est l'habitat et qui passent toute la saison sèche dans la terre durcie par le soleil, ont avec les reptiles une étroite affinité.

Nous restâmes quelque temps à Delladilla, séjour délicieux d'où il était facile de rayonner dans tous les sens. En amont du camp le pays devenait extrêmement pittoresque : de hautes montagnes à l'horizon, des gorges profondes, revêtues de sombres tamariniers, ou laissant à nu leurs parois dont les racines noueuses du baobab étreignaient les quartiers de granite; puis, à travers cette solitude, le Settite roulant ses eaux limpides, tantôt resserrées entre de hautes falaises, tantôt se déployant sur une largeur de trois cents mètres.

Le gibier était là d'une prodigieuse abondance. Il serait impossible d'énumérer toutes les belles chasses que j'ai faites dans cette région. Mes Arabes, qui en avaient tous les produits, faisaient littéralement fortune. Non-seulement la grosse bête abondait, mais il y en avait de toute espèce ; éléphants, hippopotames, rhinocéros, buffles, girafes, antilopes.

Quant aux lions, bien qu'on en vit beaucoup, il était toujours très-difficile d'en avoir. Pas d'autre moyen que de s'introduire dans leur repaire en courant les plus grands risques; je dois cependant reconnaître qu'ils avaient plus peur de moi que je n'étais effrayé d'eux. Les tirer de près ne suffisait pas; même en général cela ne m'a pas réussi ; je les ai vus tomber, rouler sur le coup, et aller mourir dans une jongle où ils étaient perdus pour nous.

Quand il y avait de la lune, j'allais m'embusquer à vingt pas de l'amorce qui devait les faire venir, et j'attendais avec patience; mais le plus souvent apparaissaient les hyènes, et l'appât était dérobé avant l'arrivée des lions. Je n'ai jamais tiré sur ces avides nettoyeuses qui sont extrêmement utiles, et qui, en tant que gibier, ne valent pas un coup de fusil.

Cependant la masse de viande qui remplissait le camp faisait rôder les bêtes de proie autour de notre enceinte, les lions aussi bien que les autres. Une fois même l'un d'eux essaya de franchir la palissade et n'en fut empêché que par mes hommes qui le repoussèrent avec des tisons flambants. On vint me réveiller en me priant de tuer l'audacieux; mais impossible de tirer juste à travers la haie d'épines; il fallait attendre le jour.

Dès qu'on vit poindre l'aube, j'appelai Hassan et Hadji-Ali, qui, sévèrement admonestés, promirent de me suivre jusqu'à la mort. Sur ce je leur confiai deux carabines; et, le petit Fletcher à la main, je partis pour la jongle où devait se trouver la bête.

Toute la journée se passa inutilement. J'avais rampé dans les broussailles, renoncé à tirer des buffles, des antilopes qui s'étaient présentées de la façon la plus tentante; cela n'avait servi à rien. Le soleil allait disparaître et depuis l'aurore je n'avais pas tiré un seul coup.

Je revenais en flânant, la carabine sur l'épaule, traversant de petites clairières d'une largeur de quelques mètres et me frayant un passage dans le fourré, lorsqu'un rugissement poussé en face de nous me fit mettre en garde : un lion magnifique s'était levé à notre approche et se tenait au milieu de l'éclaircie où il prêtait l'oreille, les broussailles nous cachant à sa vue. Je le visai rapidement; il fit un bond convulsif, retomba sur le dos et reçut ma seconde balle avant d'avoir pu se relever.

Nous étions alors dans la clairière; Hassan m'avait passé une autre carabine; Taher-Nour était près de moi l'épée à la main. Le lion, au dernier degré de fureur, nous jetait ses menaces de mort et s'efforçait de nous atteindre; mais il traînait sa croupe sur le sol et je vis qu'une balle lui avait brisé les reins. Il roulait sur lui-même, se relevait, grinçait des dents et trouait la terre à chaque coup de ses formidables griffes, pour lesquelles le crâne d'un homme n'aurait été qu'une coquille d'œuf.

La nuit arrivait; je pensai qu'il était sage de revenir au bivac, d'autant plus qu'une nouvelle balle devait être inutile.

Le lendemain matin de bonne heure, suivi de presque tous mes hommes et d'un chameau vigoureux, j'allais chercher la bête. J'étais monté sur Tetel, qui m'avait donné maintes preuves de sa bravoure et que je désirais mettre en face du lion.

Arrivés à l'endroit où nous supposions que l'affaire avait eu lieu, nous nous trouvâmes assez embarrassés; aucune trace n'était visible. Évidemment ce n'était pas là; mais comment se reconnaître? toutes les clairières se ressemblaient : de petites places, au terrain uni et sableux, dispersées dans un fourré de nabak dont l'épaisseur et la verdure étaient partout les mêmes. Il fallut battre les broussailles.

« Le voilà! » s'écria tout à coup Hadji-Ali, « le voilà, il est mort. » Je m'y attendais et me dirigeai avec les autres vers le point que nous désignait Ali. Un rugissement effroyable salua notre approche; le prétendu mort se mettant à son séant, la crinière hérissée, les yeux remplis d'éclairs, nous jeta son défi en une série de grondements brefs et profonds. Admirable à voir! Il avait bien l'air du vrai roi de la forêt; mais s'il gardait jusqu'à la fin la volonté de combattre, ses forces paralysées trahissaient son désir.

C'était pour Tetel une glorieuse occasion; au premier rugissement le chameau avait pris la fuite, les hommes s'étaient dispersés. Le cheval avait fait un écart, mais je l'avais ramené et le conduisais maintenant droit au lion, qui l'attendait avec impatience à une vingtaine de pas.

Je m'arrêtai en face du terrible animal dont mon approche avait redoublé la rage, et qui gronda en fixant sur le cheval ses grands yeux fulgurants. Je caressai Tetel et lui adressai de bonnes paroles. Il regarda attentivement le lion, sa crinière se hérissa, il se mit à ronfler, mais sans manifester le moindre désir de retraite. « Bravo, Tetel! » lui dis-je; et, continuant à l'encourager de la voix, à le caresser de la main, je lui fis sentir légèrement l'éperon et la bride. Il avança lentement, pas à pas, mais résolûment, vers le lion furieux qui le saluait d'un grondement continu. A plusieurs reprises il ronfla avec force et regarda fixement l'effroyable gueule; mais comme je lui parlais et le caressais toujours, il ne refusa pas d'avancer.

Quand il fut à six pas de l'ennemi, je l'arrêtai. Ce devait être un magnifique tableau que ce cheval d'un si étonnant courage, face à face avec un lion aux abois; tous deux le regard attaché l'un sur l'autre; celui-ci plein de fureur, celui-là plein de résolution.

L'épreuve était suffisante; je laissai tomber les rênes. Tetel comprit le signal et devint ferme comme un roc: il savait que j'allais tirer. Visé à la tête, le lion reçut une balle qui termina son agonie. Jamais Tetel ne bougeait au coup de feu, il ne tressaillit même pas. L'ayant caressé, après avoir mis pied à terre, je le conduisis près du mort que je caressai également, et je lui donnai ma main à sentir. L'odeur le fit renâcler; je lâchai la bride et le laissai entièrement libre. Il baissa lentement la tête, flaira la crinière du lion, puis se détourna et se mit à manger l'herbe qui était sous les nabaks.

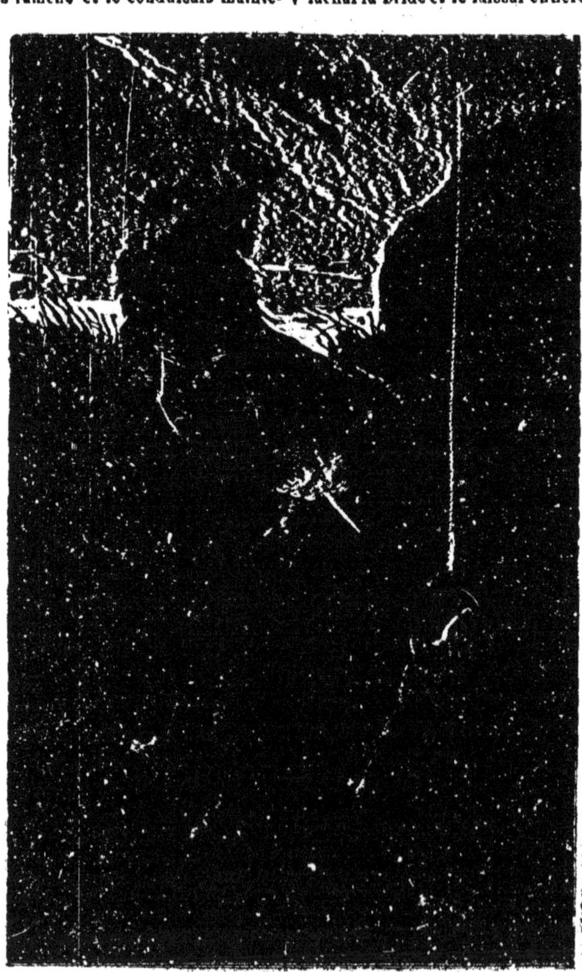

Tiré de près. — Dessin de Émile Bayard d'après sir S. Baker.

Mes Arabes étaient émerveillés. Nous savions que l'ennemi était hors de combat; mais Tetel l'ignorait et n'en avait pas moins affronté la colère d'un lion qui semblait prêt à bondir.

Le chameau ayant été ramené, on lui banda les yeux; il s'agenouilla, et les efforts réunis de huit hommes furent nécessaires pour placer le lion sur le bât et pour l'y attacher.

Entré dans l'enceinte du bivac, le superbe animal fut déposé devant ma femme, à qui les griffes, que l'on porte en collier comme talisman, étaient destinées.

* *

Royan. — Puits creusés par les babouins et les antilopes. — Campés à l'embouchure du Maf-Gabba. — Francolins. — On retrouve les frères Chériff. — Grande chasse. — Trente milles avant de rencontrer l'éléphant. — L'animal est en vue; les chasseurs l'approchent. — Charge de l'éléphant. — Sa retraite. — Il se retranche dans les rocailles. — Attaque magistrale. — La jument de Rodar. — Course furieuse de l'éléphant. — Il est cloué sur place. — Les Basés s'emparent de la proie.

En quittant Delladilla, nous allâmes droit au sud; et, après une marche d'environ douze milles, nous at-

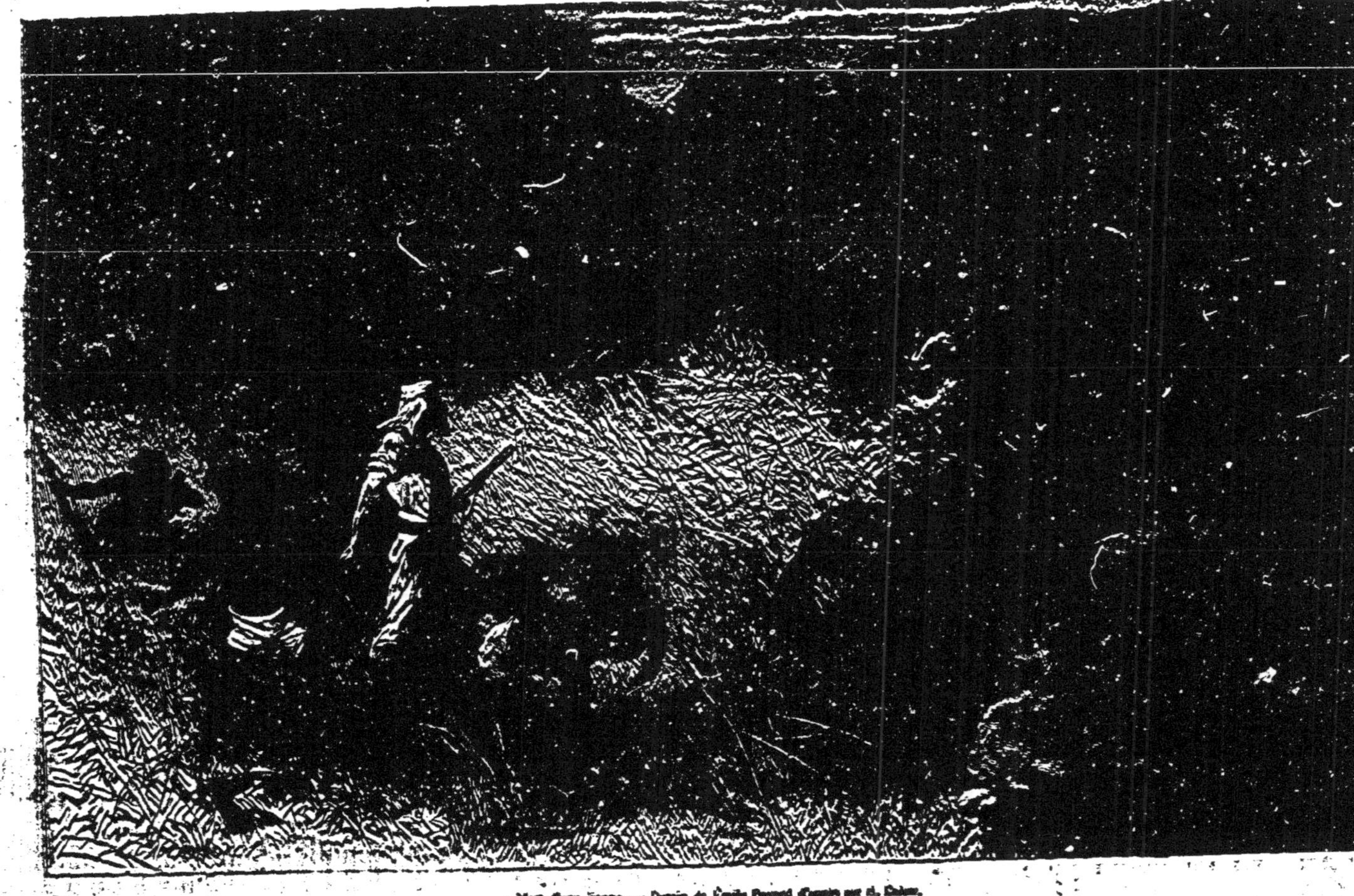

Mort d'une lionne. — Dessin de Émile Bayard d'après [illegible].

teignîmes le Royan, qui était complétement à sec. Nous descendîmes la berge à un endroit où les éléphants l'avaient rompue, et nous remontâmes le lit sableux de la rivière, qui formait une route excellente. On y voyait, non-seulement les empreintes d'animaux de toute espèce, mais des puits nombreux, d'environ deux pieds de profondeur, que les antilopes et les babouins avaient creusés pour avoir de l'eau. Beaucoup de petites antilopes, dépourvues de cornes, s'abreuvaient à ces puits, et ne semblaient faire aucune attention à nous; tandis que les tetels et les nelleuts, qui étaient en grande quantité sur la rive, prenaient la fuite dès qu'ils nous apercevaient.

Nous arrivâmes ainsi à l'embouchure du khor Maï-Gabba, où nous nous établîmes. Ce khor, qui est un torrent considérable, s'est ouvert un passage dans une falaise de grès blanc d'une hauteur de vingt-cinq mètres, et que surmonte une forêt composée des plus gros arbres que nous eussions vus depuis que nous étions en Afrique.

Il y avait dans cette forêt une grande quantité de francolins; me plaçant donc à l'embouchure du Maï-Gabba, tandis que mes hommes me rabattaient la proie, je tirais sur les oiseaux, quand ils traversaient la ravine; j'en tuai dix en moins de quelques instants. Pas de meilleur gibier à plume : une chair blanche et savoureuse, un fumet d'une exquise délicatesse.

Mes coups de fusil attirèrent les Chériff, dont le bivac se trouvait de l'autre côté du Royan, à quatre cents pas du nôtre; et j'étais à peine de retour, que les quatre frères nous arrivaient. Il fut convenu, séance tenante, que le lendemain nous ferions une grande chasse.

Suivant ma promesse, j'étais à cinq heures du matin au camp des aggagir, avec Hassan et Hadji-Ali, tous les deux à cheval : le premier sur Gazelle, l'autre sur Agghar; j'avais pris Tetel. Un coup de feu pouvant alarmer les éléphants, Taher Chériff me pria de ne tirer aucun des animaux que j'apercevrais, et je ne gardai ma carabine que pour le cas où nous serions attaqués par les Basés qui chassaient dans les environs.

Notre chemin était parallèle au Royan, dont il remontait le cours. Nous fîmes d'abord sept heures de marche, tantôt parmi des rochers, tantôt sous les grands arbres qui bordaient la rive; puis de temps à autre, pour éviter une courbe, à travers un pays accidenté, où se voyaient d'énormes baobabs.

A la fin nous nous trouvâmes au pied de la grande chaîne de montagnes, et là scène devint magnifique. Le Royan n'était plus là qu'un simple gave d'une largeur de trente ou quarante pas, bloqué en maint endroit par les rochers, ailleurs formant de grands bassins, et dont le lit parfaitement sec n'offrait alors qu'un fond de sable étincelant. Des torrents nombreux débouchaient dans ce lit inégal; partout le pays raviné, usé, déchiqueté par les eaux, témoignait de la violence des pluies.

Nous avions fait environ trente milles, et atteint l'endroit où mes aggagir espéraient trouver le gibier. Un grand nombre d'animaux s'étaient montrés sur la route; mais, fidèle à ma promesse, je n'avais chassé aucun d'eux.

Arrivés-là, nous quittâmes le Royan, et nous descendîmes une vallée sableuse, qui à l'époque des grandes eaux avait dû être inondée. Les arbres s'y distribuaient en larges bandes, sur un terrain coupé de nombreux lits de ruisseaux torrentiels, maintenant tout à fait à sec. Nous côtoyâmes l'un de ces lits desséchés, et bientôt nous y vîmes les traces profondes des éléphants, qui avaient creusé dans le sable des citernes précieuses où nos outres furent remplies.

Tandis que les chevaux se reposaient, mes chasseurs continuèrent à suivre le bord du ruisseau, afin de reconnaître la piste. Ils rapportèrent qu'elle allait se perdre au milieu des rocailles, où il était inutile de la chercher.

Remontés à cheval, nous dépassâmes l'endroit où les empreintes s'effaçaient. Près d'un mille avait été fait à partir de ce dernier point, et nous commencions à désespérer, lorsque, à un détour du ruisseau, Taher, qui ouvrait la marche, s'arrêta brusquement, puis revint sur ses pas. Je suivis son exemple et quand nous fûmes cachés par l'angle que décrivait la berge, il nous dit tout bas qu'un éléphant buvait à une citerne voisine.

Les chasseurs prirent immédiatement, et sans bruit, la place qu'ils devaient occuper; je me mis derrière eux; mes deux hommes composèrent l'arrière-garde.

Ayant tourné le coin, nous vîmes l'éléphant, qui buvait toujours. C'était un beau mâle. Ses énormes oreilles, projetées vers le front, l'empêchaient de nous voir. Le sable étouffait le bruit de nos pas, le vent nous était favorable; nous approchâmes sans que rien trahît notre présence.

Nous n'étions plus qu'à une vingtaine de mètres, quand tout à coup l'éléphant dressa la tête, agita les oreilles, et leva sa trompe. Il parut écouter, remonta lentement, bien qu'avec aisance, la berge qui était très-haute, et se retira.

Les aggagir s'arrêtèrent pour délibérer; puis, se remettant dans l'ordre où ils étaient avant, ils continuèrent à marcher près du ruisseau. Pas de plus mauvais terrain que celui où nous étions. Arrêté par le lit du torrent, le feu n'avait pas détruit l'herbe, qui s'élevait au-dessus de nos têtes; des fragments de rocher, des crevasses s'y rencontraient à chaque pas. Jamais endroit n'avait été moins fait pour la course. Pourtant, dès que la bête ne fut plus en vue, Taher mit son cheval au trot, et fut suivi de toute la bande. Il nous fit gravir une côte. Arrivés au sommet, nous découvrîmes l'éléphant à une distance de quatre-vingts mètres. Tout en s'éloignant, l'animal regardait à droite et à gauche; il nous aperçut, vit que nous approchions, se retourna brusquement, puis s'arrêta.

« Tenez-vous prêt, et attention aux rochers, » me dit

Taher, que j'avais fini par rejoindre. A peine avait-il proféré ces mots, que l'animal secoua la tête d'un air menaçant, poussa un cri aigu, et s'élança vers nous.

Pêle-mêle à travers l'herbe sèche, qui nous sifflait aux oreilles, en fouettant les roches qu'elle nous dérobait, nous voilà au galop devant l'éléphant lancé à toute vapeur et qui s'inquiétait peu des obstacles.

Toutefois, chacun de nous ayant pris une direction différente, l'éléphant ne sut bientôt plus où donner de la tête et abandonna la poursuite. Pendant un instant il avait été fort près de moi; Tetel avait la jambe sûre, et n'étant pas ferré, ne glissait jamais sur les pierres; mais avec un pareil terrain, je ne fus pas fâché de voir le colosse renoncer à la chasse.

Nous fûmes bientôt rassemblés, et de nouveau à la recherche de la bête, qui effectuait une seconde retraite. Peu de temps après nous l'avions en vue. Dès que le solitaire revit les chevaux, il alla délibérément se retrancher sur un sol rocailleux, dont les fissures contenaient quelques arbres épars, de la grosseur de la jambe. Arrivé dans ce fort, il se retourna fièrement, et s'arrêta, bien décidé, à nous tenir tête.

« Il sera difficile de courir dans un pareil endroit, me dit Taher; mieux vaudrait lui envoyer une balle. »

Je déclinai cet honneur, désirant que l'épée terminât le combat; mais je proposai de déloger la bête pour la conduire en meilleur terrain. A son tour, le chasseur refusa : « Peu importe, répondit-il; et plaise à Dieu que nous ne soyons pas battus! » Puis il me recommanda de rester près de lui, et de faire attention à moi.

L'éléphant était toujours en face de nous, immobile comme une statue. Excepté ses yeux, qui se dirigeaient vivement de tous les côtés, pas un de ses muscles ne bougeait. Taher et Ibrahim, l'aîné et le plus jeune des quatre Chériff, prirent l'un à droite, l'autre à gauche, et allèrent se rejoindre derrière l'éléphant, à vingt pas de celui-ci. J'accompagnai Taher, qui me fit placer à la même distance, mais à gauche de l'animal. Hassan et Hadji-Ali, ne devant pas être utiles, restèrent en dehors de la scène. Vis-à-vis de l'éléphant étaient les deux autres frères, dont le célèbre Rodar, l'homme au bras desséché.

Quand tout le monde fut à son poste, Rodar s'avança lentement vers l'ennemi, qui attendait l'occasion de le saisir. Il montait une jument rouge, admirablement dressée, qui comprenait à merveille sa mission périlleuse. Lentement et froidement elle approcha de son terrible adversaire, jusqu'à n'être plus qu'à sept ou huit mètres de la tête du colosse. Celui-ci n'avait pas fait un mouvement, et gardait son immobilité.

La mise en scène était superbe : chacun de nous à sa place; pas un mot, pas un geste; la jument, le regard fixé sur le vieux mâle, et cherchant à pressentir l'attaque; le chasseur, calme et froid sur sa monture et les yeux rivés sur ceux de l'énorme bête.

Au milieu du silence, la jument se prit à ronfler, puis avança d'un pas. Je vis remuer l'œil de l'éléphant. « Garde à vous, Rodar! » m'écriai-je. Poussant un cri aigu, le colosse se précipitait comme une avalanche.

La jument pirouetta, et franchissant pierres et rochers, emporta le petit Rodar, qui, penché en avant, regardait par-dessus l'épaule la bête formidable s'élancer vers lui.

Je crus un instant qu'il n'échapperait pas : si sa jument avait bronché, il était perdu; mais en quelques bonds elle prit l'avantage; et Rodar, regardant toujours en arrière, conserva la distance qui le séparait de l'ennemi, distance si faible qu'il y avait à peine quelques pieds entre la croupe du cheval et la trompe de l'éléphant.

Pendant ce temps-là, rapides comme des faucons, Taher et Ibrahim suivaient la bête, évitant les arbres et franchissant les obstacles avec une extrême adresse. Arrivés sur un terrain libre, ils précipitèrent leur course et rejoignirent l'éléphant, qui, entraîné par la poursuite, ne s'occupait que des fugitifs. Quand il fut sur les talons mêmes du colosse, Taher sortit l'épée du fourreau et la saisit à deux mains, en sautant de cheval, pendant qu'Ibrahim s'emparait de sa monture. Il fit deux ou trois bonds; l'épée étincela au soleil, un bruit sourd suivit l'éclair, et l'éléphant s'arrêta : la lame avait coupé le tendon et entamé l'os profondément à trente centimètres au-dessus du pied.

Taher avait fait de côté un saut rapide; d'un bond il s'était remis en selle. Rodar fit volte-face et, comme au début, se trouva vis-à-vis de l'éléphant. Sans descendre de cheval, il ramassa une poignée de sable qu'il jeta à l'animal furieux. Celui-ci voulut reprendre sa course, mais impossible : le pied disloqué revint en avant comme une vieille pantoufle. Quittant de nouveau la selle, Taher frappa la seconde jambe; cette fois c'était le coup de mort; l'artère était ouverte et le sang jaillissait de la blessure à flots saccadés.

Je voulus achever le pauvre colosse par une balle derrière l'oreille, mais Taher s'y opposa. L'éléphant, dit-il, sera mort avant peu, il s'éteindra sans douleur, et ce coup de fusil, nullement nécessaire, pourrait attirer les Basés, qui s'empareraient de la proie.

Nous reprîmes aussitôt le chemin du camp; il était près de minuit lorsque nous arrivâmes. Nos chevaux, sans compter la poursuite de la bête, avaient fait plus de soixante milles dans la journée.

Quels chasseurs merveilleux que ces Chériff! A une extrême audace ils joignent un calme, un sang-froid dans l'attaque, une possession d'eux-mêmes bien supérieure à la brillante furie d'Abou-Do. Je ne saurais dire ce qu'il y a de plus admirable, ou de l'intrépide habileté de celui qui entraîne l'éléphant, ou de l'incroyable adresse du chasseur qui porte le coup.

Le lendemain matin ils partirent avec des chameaux et des sacs pour aller chercher la bête, et revinrent le soir extrêmement désappointés : les Basés, guidés sans doute par les vautours, avaient recueilli le butin; chair et défenses, tout avait disparu. Les pas d'une foule nombreuse étaient marqués sur le sol; et les aggagir furent très-heureux d'avoir échappé à une attaque où ils auraient été vaincus par le nombre.

En route pour Gallabat. — Campés dans une vaste plaine. — Du sommet d'une colline. — Deux rhinocéros débuchant d'un ravin. — Tetel est conduit au bas de la colline. — Il est vu par l'un des rhinocéros. — Le rhinocéros reçoit une balle. — Poursuite du second rhinocéros. — Vautours — L'Atbara près de sa source. — Gallabat. — Takrouris. — Leur amour du travail. — Sur les bords du Rahad. — Arrivée à Khartoum.

J'avais complétement exploré les bords du Salâm et de l'Angrab; l'idée me vint de pousser jusqu'à Gallabat, ville frontière d'Abyssinie, où se tient un marché périodique.

Après avoir gravi une côte rocheuse, nous étions descendus par une pente très-douce dans une vaste plaine, couverte de petits arbres épars. Marqué par de sombres lignes, que le feuillage dessinait au loin sur l'herbe jaune, le cours des ruisseaux était nettement indiqué. Nous allions rapidement, tantôt sur des cendres noires, tantôt dans les grandes herbes qu'un ravin avait préservées du feu. Arrivés près d'un joli ruisseau, bordé de palmiers, qui pouvait être à dix-sept milles de notre dernier bivac, nous nous y arrêtâmes; quelques heures après on y dressait les tentes.

Tetel en danger. — Dessin de Émile Bayard d'après sir S. Baker.

Le lendemain matin je pris Tetel, et, suivi de Taher-Nour, d'Hassan et d'Hadji-Ali, je me dirigeai vers une colline pyramidale, qui se trouvait à près de trois milles du bivac. Cette colline pouvait avoir cent mètres d'élévation, et le feu ayant détruit l'herbe, au moins en grande partie, à plusieurs milles à la ronde, je devais découvrir du haut de cette pyramide tous les animaux du voisinage.

Lorsque je fus au bas de la côte, je descendis de cheval, puis, conduisant Tetel par la bride, je lui fis gravir la pente escarpée au milieu d'un éboulis de quartiers de basalte, qui provenait du sommet. Ainsi que je l'avais pensé, l'œil embrassait du haut de ce pic une étendue considérable et je découvris immédiatement, à différents endroits, des girafes, des antilopes, des sangliers et des buffles.

J'étudiais le pays depuis quelque temps lorsque tout à coup je vis deux rhinocéros débucher d'un ravin. Ils marchaient avec lenteur et vinrent raser le pied de la colline où j'étais avec mes hommes. Arrivés là, ils flairèrent quelque chose, prirent le trot et retournèrent se cacher dans l'herbe d'où ils étaient sortis.

Je les voyais fort bien de la place où je me trouvais alors, mais il était certain qu'une fois dans la plaine je ne les verrais plus du tout, ce qui me laissait peu de chance d'arriver jusqu'à eux. Je pensai donc à envoyer

L'épée est victorieuse. — Dessin de Émile Bayard d'après un [illegible]

chercher mes deux autres chevaux pour forcer la bête, dans le cas où il me serait impossible de l'approcher à pied.

Mes ordres furent donnés en conséquence. Je dis à l'homme que j'envoyais au bivac de prendre Tetel avec lui et de l'attacher à un arbre au pied de la colline; j'avais peur, en le gardant près de moi, que les rhinocéros ne vinssent à remarquer sa silhouette qui se découpait sur le ciel.

L'homme fit ce que je lui avais dit et se mit à courir dans la direction du camp. Pendant ce temps-là je guettai les rhinocéros qui étaient couchés dans l'herbe, où ils ressemblaient à deux grosses pierres.

Bien qu'il n'y eût pas longtemps qu'ils fussent remisés, ils paraissaient dormir. Deux cochons, qui flânaient, passèrent dans la direction du vent, juste en face de leur cachette. Les intrus furent aussitôt flairés, et les rhinocéros, se levant d'un bond, cherchèrent du regard où pouvaient être les importuns. Ils ne purent rien voir à cause de l'herbe qui les entourait; mais, troublés par cet incident, ils sortirent de la ravine; leur marche était lente et ils s'arrêtaient fréquemment pour écouter.

Tous les deux suivaient la même route, à cent pas l'un de l'autre, en se dirigeant vers la colline, ce qui les conduisait juste à la place où était mon cheval. Je fis observer à Taher-Nour qu'ils pourraient bien tuer le pauvre Tetel. « Non, me répondit Taher; ils veulent se coucher et dormir; le ciel est en feu, c'est l'ombre qu'ils cherchent. »

Cependant ils avançaient toujours. Arrivé sur une éminence, le premier s'arrêta; il avait vu Tetel.

Une rampe descendait de la colline parallèlement à la route qu'avaient prise les rhinocéros. Je me mis à courir aussi vite que le permettaient les pierres de cette corniche et sans quitter du regard la première bête, qui maintenant allait droit au cheval avec l'intention de l'attaquer.

Tetel ne se doutait de rien et se tenait tranquille au pied de son arbre. Courant de toutes mes forces, je me trouvai au bas de la colline, précisément comme il s'apercevait du danger. Le rhinocéros n'était plus qu'à cinquante pas; jusqu'ici il avait marché, mais alors, baissant la tête, il prit le galop et s'élança vers le cheval.

J'étais à deux cents mètres, n'osant pas tirer dans la crainte de tuer Tetel. Cependant il le fallait. Je manquai le rhinocéros; mais la balle, en frappant le sol, lui jeta à la face du sable et des éclats de rocher qui l'arrêtèrent au moment où il paraissait atteindre le malheureux cheval.

Lançant une ruade, Tetel rompit sa bride et s'enfuit dans la direction du camp, tandis que le rhinocéros, aveuglé par le sable, secouait la tête et s'en allait par où il était venu.

J'avais pris l'avance et m'étais caché derrière un buisson. L'animal passa au trot, la tête haute, cherchant la cause de sa défaite. Je n'étais qu'à cent pas de lui; la balle l'atteignit à l'épaule. Il releva la queue et chargea de mon côté; mais tout à coup il changea de direction, tourna plusieurs fois sur lui-même, s'arrêta pris de vertige, puis s'éloigna lentement et se coucha quand il eut fait cent mètres.

Il était mortellement blessé, j'en étais sûr; mais je voulais m'emparer de son camarade qui était venu le rejoindre et qui, regardant avec alarme autour de lui, cherchait d'où venait le péril et ne trouvait pas : le fourré nous cachait trop bien.

Un instant après, s'étant relevé, le blessé partit, suivi de son compagnon; il marchait péniblement, traversa le pli de terrain qui était au pied de la colline et disparut avec l'autre.

J'envoyai aussitôt Hassan, qui courait comme une antilope, à la recherche de Tetel; puis j'expédiai Taher-Nour au sommet du pic, afin de savoir si les rhinocéros étaient toujours en vue. Dans le cas où on ne les verrait pas de cet endroit, nous saurions qu'il faudrait les chercher dans les broussailles entremêlées d'arbres qui étaient au pied de la colline.

Après une longue attente, je vis enfin arriver les deux chevaux qu'amenait Hadji-Ali. Je serrais les courroies de la selle indigène que portait Agghar, j'en maudissais les étriers, où l'on ne peut mettre que le gros orteil, lorsque mes yeux furent réjouis par la vue d'Hassan qui galopait sur Tetel et venait de l'endroit où avaient disparu les deux rhinocéros. « Courez vite! me cria-t-il; l'un est mort tout près d'ici, l'autre est sous un arbre à deux pas de là. »

Je fus aussitôt en selle, et, prenant ma petite carabine comme plus facile à manier, je fis monter Hassan et Hadji-Ali sur les deux autres chevaux, en leur disant de me suivre avec des armes de recharge.

Le défunt gisait à deux cents pas de la place où il avait été frappé. Quant à son compagnon, il était toujours à l'endroit où Hassan l'avait découvert. Il nous aperçut immédiatement, mais resta bravement en face de nous, me laissant arriver jusqu'à cinquante pas de lui.

Pour la chasse, Tetel valait son pesant d'or; il était fermé comme un roc et aurait affronté le diable: on l'a vu en face du lion. Ne pouvant pas tirer dans la position où je me trouvais, je dis à mes hommes de décrire un demi-cercle, afin d'appeler sur eux l'attention du rhinocéros, qui alors me présenterait le côté.

La chose arriva ainsi que je l'avais prévue; et l'animal, frappé exactement à l'épaule, tomba sur le coup. « Bien tiré! » s'écria Taher-Nour.

Le rhinocéros se débattait convulsivement; je crus en effet l'avoir tué; mais pas le moins du monde. La balle du petit Fletcher n'était pas de force à briser l'épaisse omoplate; elle n'avait fait que paralyser le membre, qui bientôt reprit sa vigueur. La bête se releva, et partit au galop, nous entraînant derrière elle, d'abord du côté de la colline; puis sur la pente de celle-ci, en ligne droite, en zigzag; fuyant à toute vitesse au milieu des arbres, gagnant le sommet, puis la descente; et parmi les rochers et les blocs mobiles,

« Doucement, Tetel ! doucement, sur les pierres ! » et je serrai la bride jusqu'au bas de la côte.

Le rhinocéros avait une avance considérable; mais la plaine était bonne; le feu en avait détruit l'herbe presque partout, les arbres clair-semés livraient passage; le terrain, à la fois uni et solide, était des meilleurs.

Je lançai Tetel à fond de train sur la bête, qui galoppait devant nous à cent cinquante mètres, et qui perdit bientôt ce que la descente lui avait fait gagner. Tout à coup elle pirouetta avec une prestesse merveilleuse et arriva droit sur nous. Je m'y attendais, ainsi que mon cheval, qui évita le choc par un brusque détour, et qui, se retrouvant derrière la bête, la suivit à quelques mètres.

La chasse continua de la sorte pendant un mille et demi, le rhinocéros faisant volte-face de temps à autre, et prenant l'offensive; mais il était toujours évité par son habile adversaire. Tetel chassait comme un lévrier. Toutefois je n'avais pas pu dépasser le rhinocéros, qui partait comme la foudre dès que j'étais sur le point de l'atteindre. A la fin cependant sa blessure se fit sentir; il boitait d'une manière évidente et, apercevant à peu de distance la ligne brune qui annonçait une terre profonde et friable, je fus certain qu'il ne nous échapperait pas longtemps.

J'avais raison; quand il fut sur cette terre croulante, où il enfonçait à chaque pas, il se retourna, fit une charge peu rapide, que j'évitai sans peine, et, resta immobile, me présentant sa formidable tête.

Pendant ce temps Gazelle, qui, d'un caractère excessivement craintif, ne valait rien pour la chasse, s'effrayait à la vue du rhinocéros; ses plongeons et ses ruades attirèrent les regards du monstre, qui se détourna et voulut charger la peureuse. J'en profitai pour conduire ma monture près du flanc de la bête, qui reçut dans l'épaule les deux coups du petit Fletcher; cette fois la mort fut immédiate. Heureuse conclusion d'une chasse où mon pauvre Tétel avait bien failli mourir !

Le soleil étant d'une ardeur extrême, je me dirigeai vers le camp, d'où mes hommes devaient être envoyés avec des chameaux pour rapporter nos bêtes. En passant près de celle des deux qui était morte la première, je la vis entourée d'un légion de vautours qui s'augmentait à chaque minute; elle avait déjà les yeux arrachés, et l'un de ces voraces fouillait dans la blessure qu'elle portait à l'épaule. Une quantité de marabous se tenaient orgueilleusement au milieu de la foule, attendant, pour faire leur métier de croque-morts, que le cadavre fût suffisamment décomposé. Tous les autres d'ailleurs en étaient réduits comme eux à prendre patience, le cuir épais du rhinocéros étant à l'épreuve de leurs becs avides.

C'est un spectacle étonnant que celui de l'arrivée de ces mangeurs de charogne qu'on n'apercevait nulle part, qui abondent sitôt qu'une bête est frappée de mort, et qui se présentent invariablement dans le même ordre. Je crois qu'il y a pour chaque espèce un degré particulier d'altitude, et que l'atmosphère contient des strates de rapaces invisibles, toujours à l'affût de ce qui se passe ici-bas. La corneille blanche et noire, individu rusé, très-habile à chercher pâture, et qui n'est jamais bien loin du sol, découvre l'aubaine et la révèle aux moins élevés. Des hauteurs où il plane qu'un vautour aperçoive les autres se diriger vers un point de l'horizon, il les suit immédiatement, certain qu'une proie est en vue; et sa course dès lors devient un signal, qui, répété de proche en proche, se communique à ses pareils.

Je me suis étendu fréquemment sur le dos, à côté de la bête qu'on allait écorcher. Le ciel était pur; pas une tache sur la voûte lumineuse; à peine mes hommes avaient-ils entamé la peau et mis à nu la chair rouge, que deux ou trois craou, craou, s'entendaient dans les buissons voisins : la corneille était là. Aussitôt, les busards, les parasites s'abattaient près de la bête et ramassaient un caillot de sang. Alors des points mobiles apparaissaient dans l'espace, grossissaient rapidement et devenaient des créatures ailées, pareilles à des mouches, tant la distance était grande. Tout à coup un bruit d'ouragan retentissait derrière moi; c'était un vautour à face rouge, qui, les ailes closes, se laissait tomber des nues, bientôt suivi de beaucoup d'autres. Partout des taches noires se pressaient de tous les coins du ciel, et fondaient vers le repas sanglant. Puis à une grande hauteur, on voyait se dessiner une vaste couronne d'ailes puissantes, qui paraissaient hésiter à descendre, et continuaient à planer autour du centre d'attraction. Pendant ce temps, l'animal était dépecé; mes gens mettaient en lieu sûr la viande qu'ils avaient choisie, et nous nous retirions à une centaine de pas. Aussitôt les grands vautours au col nu s'abattaient, et se faisant respecter de la foule, qui se ruait sur les débris, ils s'emparaient des premières places. Mais une autre forme se dessinait dans le ciel bleu; sous d'énormes ailes pendaient de grandes échasses qui touchaient bientôt la terre, et Abou Sinn, *le Père des mâchoires*, ainsi que les Arabes appellent le marabou, écartait à coups de bec la multitude qui se disputait. Bien qu'arrivé le dernier, il prenait la part du lion.

Poursuivant notre marche à travers la plaine, nous sommes arrivés à Métemmeh, village peuplé de Tekrouris; puis le 15 avril, ayant traversé une forêt basse et franchi maints ruisseaux qui descendent des hauteurs, nous avons retrouvé l'Atbara au coin d'une montagne, d'où il s'échappe en formant un angle aigu.

A notre première rencontre ce n'était qu'un lit de sable étincelant, une continuation du désert qui étreignait ses rives bordées à ce moment-là d'arbres flétris, souvenirs d'une rivière morte. Puis dans l'ombre d'une nuit calme, le torrent mystérieux avait brusquement envahi ce lit desséché. Après avoir assisté à sa croissance, nous l'avions vu dans toute sa gloire. Enfin, ayant suivi chacune des rivières, traversé chacun des ruisselets qui l'alimentent, nous le retrouvions près de son berceau.

Tout en le suivant du regard, je pensais au Nil, à ce fleuve merveilleux qui traverse les déserts brûlants sans jamais s'épuiser. Malgré l'apport du Settite et du Salâm qui ne tarissent jamais, l'Atbara est à sec pendant toute la saison ardente; chaque goutte des eaux que lui versent ses puissants tributaires se vaporise ou est dévorée par le sable à deux cents milles de son embouchure; mais le grand fleuve ne cesse jamais de couler.

Le jour suivant nous étions à Gallabat ou Métemmeh, qui est la capitale d'une province fertile, colonisée par des Takrouris. Excessivement noirs et d'une belle et forte race, ces nègres, originaires du Darfour, sont éminemment laborieux; hommes et femmes travaillent sans cesse. J'ai vu souvent les miens, pendant la marche, recueillir le coton des champs abandonnés, improviser un fuseau en plantant un brin de jonc dans un crottin de chameau, et se mettre à filer en suivant la caravane. Au bivac, pas un instant de loisir; dès qu'ils étaient libres, chacun prenait son ouvrage et faisait une sandale, un courbatch, un bracelet de cuir, etc. En arrivant à Gallabat ils avaient une cargaison de tous les menus objets qu'ils avaient confectionnés. Le lendemain matin je les trouvai sur la place, chacun devant son étal et vendant ce qu'ils avaient recueilli ou fabriqué pendant le voyage.

Poursuite d'un rhinocéros. — Dessin de Émile Bayard d'après sir S. Baker.

Ils étaient maintenant chez eux; c'était là que nous devions nous séparer. A ce qui leur était dû, j'ajoutai quelques jarres d'hydromel, qui fait leurs délices, et nous nous quittâmes les meilleurs amis du monde.

Le 16 mai nous suivions la rive droite du Dinder, à dix-huit milles du Rahad; et après avoir gagné le Nil Bleu, au village d'Abou-Haraz, nous arrivions à Khartoum dans la matinée du 11 juin.

De nos anciens compagnons il ne nous restait que Bachit, Ouat-el-Baggar, Richarn et mon brave Tetel. Florian était mort, tué par un lion. Baraké, la pauvre femme qui broyait le doura et faisait le pain, était enterrée à Delladilla; et Agghar, mon habile chasseur, pris d'un mal subit à quelques milles de Gallabat, avait succombé peu d'heures après au milieu des plus vives souffrances. Gazelle, attaquée du même mal presque en même temps, lui avait à peine survécu.

La première partie de notre tâche était accomplie. Il nous restait maintenant à pénétrer dans le sud; et le 18 décembre 1862, pleins de vigueur et d'espoir, nous quittions Khartoum, nous dirigeant vers l'inconnu.

Pour extrait et traduction : Henriette LOREAU.

www.ingramcontent.com/pod-product-compliance
Ingram Content Group UK Ltd.
Pitfield, Milton Keynes, MK11 3LW, UK
UKHW022200190726
13855UKWH00004B/1563